# 诗意地栖居在大地上

## ——写给友人

[德] 荷尔德林　著

王佐良　译

辽宁人民出版社

**图书在版编目（CIP）数据**

诗意地栖居在大地上：写给友人 /（德）荷尔德林
著；王佐良译 . —沈阳：辽宁人民出版社，2022.3
（荷尔德林书信精选）
ISBN 978-7-205-10416-0

Ⅰ. ①诗… Ⅱ. ①荷… ②王… Ⅲ. ①荷尔德林
（Hoelderlin, Friderich 1770—1843）—书信集 Ⅳ.
① K835.165.6

中国版本图书馆 CIP 数据核字（2022）第 024866 号

出版发行：辽宁人民出版社
　　　　　地址：沈阳市和平区十一纬路 25 号　邮编：110003
　　　　　电话：024-23284321（邮　购）　024-23284324（发行部）
　　　　　传真：024-23284191（发行部）　024-23284304（办公室）
　　　　　http://www.lnpph.com.cn
印　　刷：辽宁新华印务有限公司
幅面尺寸：145mm×210mm
印　　张：8.75
字　　数：280 千字
出版时间：2022 年 3 月第 1 版
印刷时间：2022 年 3 月第 1 次印刷
责任编辑：刘国阳
装帧设计：留白文化
责任校对：吴艳杰
书　　号：ISBN 978-7-205-10416-0
定　　价：48.00 元

# 目 录

荷尔德林像

# 我所做的，
# 都远远超出了寻常的目标

致纳塔奈尔·科斯特林　　　　　　　　（邓肯道尔夫[1]，1785 年 11 月）

最尊敬的、最博学的，特别受人尊敬的赫尔菲先生：

　　您对我无时不在的巨大的亲近和爱，以及其他可能对此有所帮助的东西，您作为一名高洁的基督徒的举止，在我内心唤醒了一种对您的敬畏和爱，以至于我，坦率地说，把您当作我的父亲一样。您不要把我的这个请求当作恶意。通过一些观察，特别是自我从纽尔廷根再次回到这里，我有了这样的想法，一个人如何能把聪明融入他的行为、殷勤和宗教。我在这方面从未真正成功，总是踌躇摇摆。很快我有了很多感动，可能是我对自然的敏感所激励，也因此不能持久。真的，我相信，现在我已是一个真正的基督徒[2]，内心充满了快乐，尤其是当自然在我心中造成一种特别生气蓬勃的印象的瞬间（这种快乐很少持续很久）；但我不能忍受人们围绕着我，总想单独一人，显得似乎孤高自傲，轻视人；最微小的事情也让我的心不知所在，我因此轻得飘起来。假如我

---

1. 邓肯道尔夫（Denkendorf），位于德国巴登 - 符腾堡州，荷尔德林 1784 年至 1786 年在邓肯道尔夫初级修道院学校学习。
2. 真正的基督徒（der rechte Christ），荷尔德林是在虔信派精神中受教育的，在这封信中首先是通过良知的测试和自我分析，以及通过基督徒和自然人之间的对立来表明这一点。

想要变得聪明，那我的心就会狡诈，最微不足道的羞辱似乎就要证明，人是如此邪恶，如此残忍，人对他们要小心，一定要避免与他们有最微小的亲近；假如我能与这种反人类的人作斗争，我就要在人的面前，而不是上帝的面前感到快乐。您看，最尊贵的赫尔菲先生，我总是这样摇摆不定，而我所做的，都远远超出了寻常的目标。尤其是今天（星期天），我回顾了我迄今对上帝和人的作为，下定了决心，要做一个基督徒，而不是一个摇摆不定的跟屁虫，要聪明，而不是虚假[1]和反人类，乐于与人相处，但不迁就他们真正丑恶的习惯；我知道，上帝一定会用他神圣的精神引导我的心；现在，我最真诚地请求您，最尊贵的赫尔菲先生，您做我的导师，我的父亲，我的朋友（您一直以来就是!），请您允许我，所有有助于我的心的每一件事，我的知识的每一次扩展，都向您通报；您的教诲，您的忠告，以及您的学识的分享，将满足我所有即时而兴的愿望。我知道，这个坦率真诚的书写不会让您为难，您会把这种信任看作我对您的敬畏和爱的标志。假如您在我的想法中发现任何缺点，那请求您为我指正。

我停笔并以所有的崇敬

永远是您的

最顺从的仆人

荷尔德林

---

1. 要聪明，而不是虚假（klug, ohne falsch），对照《圣经·马太福音 10,16》德文版，原文是"Darum seid klug wie die Schlangen und ohne Flasch wie die Tauben." 大意为：要像蛇一样灵巧，不像鸽子那样虚伪。

# 你是我无私交往的朋友

致伊曼努尔·纳斯特[1] （毛尔布隆[2]，1787年1月初）

最好的：

我十分冷静地与你告别——我是那样深深地沉浸在分别的感觉中——不仅如此，当我回想我们怎样在第一次见面中成为朋友——我们如此真诚，如此快乐地相处，我如此满足——我与你仅有不多的这些日子；——哦，我真诚的朋友，那是我与一位像你一样的朋友无私交往的时候，我对他的记忆也必定扩展到好望角的日子——相信我，我对你已有一次胡扯了——那件事让我生气，我那段陈旧短暂的阴暗时光这么经常地出现在我脑海里——你仅仅高兴的是，我不那么经常地给你写信了——你可能看见我尽量躲避一些抱怨。但是对于我们人来说，能够遭受一些什么是多么好。——我在生活中已经多次遭受关口，但绝不亚于我内心的愿望未得到满足，脸上必定露出难看的表情——

但是现在我已经能够完全真诚地说——请原谅，我曾经让你

---

1. 伊曼努尔·纳斯特（Imanuel G. Nast，1769—1820），毛尔布隆高级修道院学校校长的侄子，荷尔德林的女友露伊泽·纳斯特（Louise P. Nast，1768—1839）的堂弟。荷尔德林进入毛尔布隆高级修道院学校后，与校长最小的女儿露伊泽·纳斯特建立了恋爱关系。
2. 毛尔布隆（Maulbronn），位于德国巴登-符腾堡州。荷尔德林从邓肯道尔夫初级修道院学校毕业后，于1786年10月考入毛尔布隆高级修道院学校，1788年毕业。

烦扰！这又是一个令人讨厌的混乱！不是吗，亲爱的？

我希望我能够把有关布鲁图斯和凯撒的音乐[1]寄给你，可是，当人们想要从斯图加特的学究们那里得到些什么，那就像蜗牛一样慢，他们的意志总是好的。为了席勒的荣誉，我也要学习钢琴，用我的乱弹琴那将是多么艰难。啊呀！在想象中我已经多少次握住他的手，如果他让他的阿玛利亚和她的卡尔互相爱慕[2]。——你可能会以为，我是个傻瓜；可是我不知道，这有关自尊或是——或是——我自己也完全是同样的想法。那么晚安，亲爱的兄弟！再一次说晚安！赫斯勒让我向你致意。你会得到多次小小的致意，当我让它脱口而出——今天写给我的纳斯特——你们人们。祝你幸福。

爱

你的

荷尔德林

---

1. 显然是改编自席勒的悲剧《强盗》的二重唱。
2. 《强盗》中阿玛利亚的歌。

# 用飞动的羽毛笔写信

致伊曼努尔·纳斯特 　　　　　　　　　（毛尔布隆，1787 年 2 月 18 日）

首先提一个问题！你对那帮子人说到你，那些人的书写艺术简直神了——现在兄弟比尔芬格尔在那封你最近用飞动的羽毛笔写给我的信里，发现了一个双重含义的书写错误——他说，在那封信里——

*爱*

*你的*

*L. 纳斯特*[1]——

有一个恶作剧，他想以我的名字报仇，（而我根本没有付诸报仇）并让你担心，你能想到复仇吗？他会给你写信——爱你的

*B—r.*

这个 Br.–. 应该是什么意思，我知道——如果你是不对的——不。但是现在严肃点！你问，我觉得你的《阿玛迪斯》[2]怎么样——我说——很糟糕。那为什么？？因为维兰特可不是我的木马头，也不是——假如我喜欢阅读一篇童话，这不被那种讽刺所打断，

---

1. 荷尔德林那时心仪的露伊泽·纳斯特。
2. 纳斯特借给荷尔德林一本维兰特（1771 年版）的诗小说《新阿玛迪斯》，小说主要讨论"奇妙"这个词的定义。

而是，我坚决果断地说——因为事情原来是，不适合像我这样敏感的人阅读，可惜啊！！！哦，兄弟！你认为，我已经把它读了一半？感谢上帝，我的幻想还是清白无污的，面对那位因为清白而脸红的诗人，我感到恶心。我只承认，亲爱的，当你听到那个伟大的弥赛亚歌手[1]的演唱，你是不是心里不舒服？或者当你读了我们的舒巴特的愤怒的阿赫斯维[2]？或者是读了那个激情火爆的席勒？阅读并相信他的阴谋与爱情——在最后是一个善良的少女——想想我，假如露伊泽[3]站在那里，目光朝向公正的永恒，想想我是不是对的。

我总是想，当我回忆起每一个地方，当我失去一位少女，我是否又一次是个蠢人，就像平时那样经历不幸的时光，于是我就想阅读那一段，我在这里找到足够的空气。我已经看见，你嘲笑我，你想想；当人们瞎扯失去之前，总得先——打个腹稿？？言之有信。我倒是一切随他便去。

只要想想，我在大学的朋友西梅尔已经收到我三封信了，在信里我每次都向他请教布鲁图斯和凯撒的事，可他都没有回复。这不是很让人伤心？

那家伙也收到我的一沓子诗了，既然他对此没有回复我，那我就根本不在他的眼里。

向你的少女海因莉克·纳斯特[4]转达我最真诚的致意。她也跟

---

1. 弥赛亚歌手（Messiassänger），德国诗人弗里德里希·克洛普施托克。

2. 阿赫斯维（Ahasveros），（基督教传说中）永远的流浪人。

3. 席勒的戏剧《阴谋与爱情》（Kabale und Liebe）中的露伊泽（Luise）。

4. 海因莉克·纳斯特（Heinrike Nast），伊曼努尔和露伊泽的堂姐，为她的婚礼，荷尔德林创作了一首诗，也是他最早刊印的一首，但后来遗失。

你谈起过毛尔布隆吗？她可能也已经认识少女布莱西廷？你也认识她吗？

荷尔德林

我不知道——是否会在我信的结尾也发现错误，就像你的，可是，我必须抓紧时间。

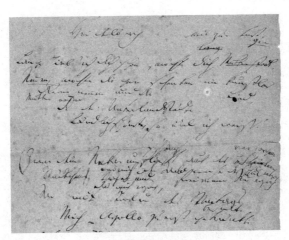

诗《海德堡》手稿

《海德堡》是一首荷尔德林写景的抒情诗，诗中把海德堡比作母亲，而流过它的内卡河比作年轻的自己。

# 手中有一本诗集，心跳就加速

致纳斯特 　　　　　　　　　　　　（毛尔布隆，1787 年 3 月中）

一个消息！一个让人心跳加速的好消息！我有了那本《莪相》[1]，这个无与伦比的宫廷诗人，荷马势均力敌的对手，眼下就在我手中。

你必须读，朋友，它会让康纳山谷变成你的山谷，你的天使峰[2]变成莫尔文山脉[3]——让你突然感到一种甜蜜的伤感——你必须阅读它，我不能夸夸其谈。假期里我必须带着它去纽尔廷根，我借给你只有那么长，到那时候我能记住一半。

我还不知道能不能去拜访你，至少在返回的路上不可能。我还不知道有什么可写的——这个杰出的、盲眼的莪相一直在我头脑里夸夸其谈。我的大学究[4]朋友给我写信了——自然是道了歉——还请求谅解——可是——他喜欢与他的致歉和青年一起待在家里。把音乐寄还给我！

---

1. 莪相（Ossian），传说中用盖尔语写作的诗人，1765 年，詹姆斯·M. 菲尔森（J. M. Pherson，1736—1796）以《莪相作品集》的书名出版了英文版。也有人说莪相是爱尔兰的中世纪宫廷诗人。

2. 天使峰（Engelsberg），俯瞰的陡峭的观测台，喻指累翁贝格。

3. 莫尔文山脉（ein Gebirge Moverns），喻指苏格兰，据信莪相的诗歌以爱尔兰和苏格兰的传说为素材。

4. 大学究（Akademikus），指西梅尔，德国斯图加特的卡尔斯高级学院学生。

　　你何时给比尔芬格尔和艾福伦写信，要让他们真的害怕——
开个玩笑——有人说，有两名学生几乎一整天都往管理处跑——
有人对此深感怀疑——那两个家伙一直在那里跟维卡里乌斯[1]先
生在一起，我们那个可怜虫比尔芬格尔一直待在那里。而艾福
伦——如果他只听那架潘塔隆[2]——那么他就什么都玩完了——
我相信，只要路西弗面对那架潘塔隆撒谎，他就会做他的跟屁
虫——但如果好一点点，他（人们跟我说比尔芬格尔）是个天
使。在这儿我认识的人很少——我还是喜欢独自一人——这让我
头脑里神思遐想，它是如此虔诚，我想着想着就哭出来了，我
陷入遐想之中，我来到我的少女面前，避开别人的注意。生活快
乐——兄弟——钟声敲响，我得去上课。

你的

荷尔德林

（与你一样如此平和）

---

1. 维卡里乌斯（Vikarius），毛尔布隆修道院学校的校长克·路·纳斯特。
2. 潘塔隆（Pantaléon），德国舞蹈教师、音乐家、作曲家潘塔列昂·赫本斯特莱特
（Pantaléon Hebenstreit，1667—1750）把传统的扬琴改制成键盘乐器，命名为潘塔隆，又经后
人的改进，成为现代钢琴的前身。

# 多么渴望抓住一个明朗的瞬间

致伊曼努尔·纳斯特　　　　　　　　　　　　（毛尔布隆，1787年夏）

　　一千次感谢——亲爱的兄弟——为你漂亮的油画——为你可爱的信！

　　你本来应该看见，我是怎样的情况，我因为用餐而得到它，我因此遭到了不幸，我的眼泪止不住地流下来，你如此善意用光明的未来安慰我，我的几滴泪水落进了汤里，——我根本没办法对比尔芬格尔隐藏，他就坐在我身边。可是他肯定已经觉察到什么，他就这样用他那双淘气的眼睛向我眨动，这无论如何是对的！！！

　　如果你知道，我多少次地想念你！我多么期望你经常到我这里来！

　　哦兄弟，兄弟！我是这样一个弱小的人，但是我也承认没有一个人像你一样——不是吗，你宁愿对我有同情，当我因为你的信而哭泣，你为此而大笑？老天爷啊，我必须对你承认，堆在我心上的，远远多于最近我在信里给你写的！你可以相信我，上帝把我诚实的部分痛苦赐予了我！我什么也不应该说——你希望在一个快乐的时刻收到我的信，我从中获得的良知却是，我用我的哭诉让你的时光败兴！我知道，我常常多么渴望抓住一个明朗的瞬间，如果我得到它，我会设法把它紧紧抓住，这样我可以很容易地去你那里——

在这里我受不了了！真的不行！我必须走，——我已经下定决心，要么明天早晨给我母亲写信，让她把我从修道院领走，要么请求那位院长给予几个月的治疗时间，因为常常咯血。你看，朋友，它让我渐渐地趋向平静。

愿你欣慰！一定不要担心我！！！

你的

荷尔德林

为你亲爱的阿波罗[1]再次致以一千个感谢——它已经让我有了美好的瞬间——我每天都在凝视着他！

---

1. 阿波罗（Apoll），希腊神话中的太阳神，荷尔德林在校期间，曾被学友称为阿波罗。

## 她会用致意
## 这种善良的记忆的符号安慰我吗？

致伊曼努尔·纳斯特 　　　　　　　（毛尔布隆，1787 年 10 月底）

亲爱的兄弟：

　　我又来到了这儿！来到寂静中——在修道院逍遥了这么多久之后——我绝没有在纽尔廷根收到你的信——但是为此一千次一千次地感谢！哦！兄弟，我有那么多要对你说！可是我的脑子重又这么乱糟糟的，我的胸中重又有那么多情感。无论我在哪儿，在我的假期里，总有没能实现的愿望，不完美的幸福——我不知道，那些是现实还是幻象——我所见，都仅有一半喜欢，处处于我都空空如也——我常常谴责自己没有把自己温暖的心紧靠兄弟的命运，一如以往！啊，兄弟，你说，亲爱的兄弟，我就该这样孤孤单单？永远永远郁郁寡欢！

　　可是，不不！仅当夜晚重新到来，我从未想起上帝在这个可爱的大地上给予我的逍遥的时光；我对他并不感激，一点也不感激！我有这么可爱的母亲，这么可爱的妹妹弟弟——哦！你应该已经看见，每当我离开，他们多么想念我！兄弟！兄弟！我仍然觉得，我带着一颗如此沉重的心（现在已近午夜）踽踽独行！

　　而我有了你，你——我还诉苦吗？——是啊，每当我没有你，我就会哭诉——我们还是不要想这些！不是吗，亲爱的兄弟？我可能会因为你离开祖国至少让你生气？可是你还会来这儿——因为我必须对你说些事儿，——不！不要相信，都是些不重要的，完全无足轻重——到时候我可能忘得一干二净。

现在我也要回答你可爱的来信。仅一个在其中！我向你承认，我仅半信半疑，假如你没有写，我绝不相信——她，你的最尊敬的女友，会记得我——或者你对她说过，我如何如何不幸，或相信我的不幸——她于是同情我？她会用致意这种善良的记忆的符号安慰我？是啊，兄弟，是的，这个致意安慰了我——她还记得我——上帝在上！她是这样一个女孩！——可是安静！现在我必须给你写某些要引发大笑的东西——只要想一想，那就笑话我吧，我今天就这样过，突然之间，我的亲爱者的呆傻，我未来的命运迎面扑来——听着，哈哈地大笑我吧，我一下子想到了，我完成大学学业之后将会移民——这个想法出现得如此清晰，一个小时之前，我相信，我还在移民的梦幻中。你看，兄弟！对你说我的软弱，我一点也不难为情，我对此仅有一点点歉意——对你——但是——这封信不是由陌生的手——不是与人敌对的手所写——这么说吧，这是一个傻瓜的手！！！

向你的尊敬的女友致以我诚挚的敬意！！！

永远的

你的

荷尔德林

# 把喜悦的泪水洒在最好的朋友身上

致伊曼努尔·纳斯特 　　　　　　　　　（毛尔布隆，1787年11月）

最好的：

　　现在我没有能说的——如果我在你那里，我会一千次地呼喊，把喜悦的泪水洒在所有的朋友最好的朋友身上。是的，兄弟，当我漫游了半个世界，并且为我找到一个朋友，对于我，他只能是你，在我们的友谊中我找不到他！它必定是惩罚。亲爱的，这次你的信给我的快乐在一切之上。在我的面前有很多信没有启封，它们来自我的母亲，我亲爱的妹妹弟弟，来自朋友，但是只要问一问比尔芬格尔，如果我想要纠缠他，我首先要扑向你的信，差点儿用封印把整封信撕成两半，并且一千次地发现，当我最热切的期待已经在期待。亲爱的，亲爱的朋友，我如此确信地感觉，人的爱和友谊是最伟大的人生幸福！我突然想坐下来，再一次写，可是我却不能表达只语片言——

　　可是我有这么多这么多要对你写，亲爱的！

　　首先只说说西梅尔！听听他最近给我写了什么——"你要一首我的诗？那好，你有一首现成的——他是一个张狂失态的青年，根据自己的头脑制定法则，常常横冲直撞，让我害怕，他想要张开双臂劈叉跳跃，他俨然罗马人的样子，心灵伟大，热爱祖国和自由环绕四周，哎呀，他！！！我简直不能让自己进入时尚社会——他让我多少个彻夜难眠，这年轻人，他让自己如此不能靠近——"他就这样写了整整几页！现在听听，他是如何真诚。"你是我的朋友，他说，你会是真挚的朋友，这我知晓！你用好几个小时的时间为你的西梅尔，让我的工作就像一个审稿人，谴责该谴责的，写下半喜欢的……"[1]

向你尊贵的女友说一切我应该说的话。对她善意的怀念表达我的感谢，从你的嘴里说出，比我疲惫的笔更温暖，也更美好。睡个好觉。

你的

荷尔德林

---

1. 由于信中长篇文字皆为引述学友西梅尔的信，过于冗长，做了删减。

# 我的诗作都在漫游途中

致伊曼努尔·纳斯特　　　　　　　　　（毛尔布隆，1788 年 4 月 18 日后）

亲爱的兄弟：

　　我把我的《菲相》放在一边，给你写信。我让我的灵魂为巴登的英雄而欢悦，也与他一起为那个正在死去的少女而悲伤。

　　因此，我确定，有好几个瞬间完全是为了你。

　　我们互相之间不通音讯，已经很长很长时间了，想想吧，兄弟，整个这段空白我离你不足一英里，却不能去，这用不了一个半天。因为整整四个星期我在格罗宁根坐在我的姑妈[1]的临终床边，向她学习沉默！而现在，兄弟，她已经死了！

　　哦，兄弟！据说她曾经是我心灵的父亲，我从来不认识我的父亲，我三岁的时候他就死了，但他必定是一个英俊的男子，如果他活着的话，就像她一样。当她带着如此不能言说的痛苦进入天堂，看起来很哀伤，她在临近死亡的时间里失去了语言，于是我为她祈祷，她一下子从临终的啸吼中醒过来，惊奇她居然还在人间——兄弟！兄弟！这让我学到了很多东西！当我再次回到这儿，与她永别，她说："我们在这个世界不能再相见，那我们在那

---

1. 荷尔德林父亲的妹妹福尔玛（F. J. Volmar）。

个世界重逢。"哦，这句话我永生难忘！它是人最发自内心的想法，永恒的想法——当我常常如此阴郁地来到我的露伊泽那里，为人类诉苦，对未来感到恐惧，她让我想起永恒——那些是心灵的时光。

我的诗作都在漫游途中；——如果它们没有碰得头破血流回到家里，如果它们没有因为父辈的谨慎再一次把它们的荷尔德林爸爸先生锁进书桌半年，（因为他实在是个蠢笨的小青年），那么哎呀！如果不是这样，它们应当向着累翁贝格行进了。

在圣灵降临节，兄弟，如果你还爱你的荷尔德林，如果你还想再见他一次——（到下个秋季我必须直接回家，然后去蒂宾根）亲爱的，亲爱的兄弟！以所有毛尔布隆的爱的名义我请求你，来吧！我请求你的至亲至爱的女友，我只对她说，我最顺从地请求她告诉她的纳斯特，他不想让朋友如此真诚的渴望落空。

愿你一切都好，把那本《普菲弗尔》，还有《布鲁图斯和凯撒》寄给我……

哦，希望你确定来！这一次绝不要让我再失望——我一切都好。

你的

荷尔德林

# 不要放弃健康有力的表达

鲁道夫·玛格瑙致荷尔德林[1] 　　　　（蒂宾根，1788 年 7 月 10 日）

亲爱的朋友：

　　您渴望我评价您的奇思异想，那我倒是挺愿意的，我立刻就能把评论给您，条件是，您仅仅把它作为友谊的暗示，绝不意味着改进，也不是评判。我在《灵魂》[2]里注意到，随处可见的不常用词多少给了你用词模糊的机会，比如雨——溅水，假如不是在提振之际延缓，追逐潮流的低位，那么宁可狂奔——跌倒。从 A 到 B 的想法是漂亮和好的，但是用公正的心灵再读一遍，就觉得这仿佛是另一个人的作品，那个段落，它是否不是完整的散文，（1）一百年对于一株橡树是一个很小的树龄，（2）赋予它至高的生命。生命？你赋予了这株橡树思考的力量，然而在灵魂之下又让它如此无限宽广？在它的暴怒中，——包装——，播种碎屑，我觉得对于这样一首赞美诗过于浅薄，猎户座，天王星及天狼星，它们丝毫没有增添诗的美感，但是在整体上，这首诗有非常好的布局，所以，我只想要求您，亲爱的人！不要放弃健康有力的表达，而追求那些更新颖、响亮的东西，几乎不给您自己一个

---

1. 此信系手写。
2. 《灵魂》，荷尔德林的诗《灵魂之不朽》（Die Unsterblichkeit der Seele）。

许可。我能够想象这对您会是怎样的经历。他们创作诗歌并也夸夸其谈，他们认为舒巴特的一些表达很美，因为他喊得响亮。有一段时间我几乎也是这样认为，直到我有一次开玩笑地说，他从哪儿来的那种癖好，夸夸其谈他读过的我的那些作品！模仿的时候一定要谨慎，如果人们在一些微小的方面发现了不诚实，例如无所不能，那人们就会把最好的诗歌的价值忘得一干二净。创作者的全能，根据克洛普施托克，夜之子来自我相，简直不能相信柏林来的绅士们孩子般地嘲笑这样微不足道的事情，但是对他们的批评我们无法释然，所以我们不得不跟随古已有之的潮流。我在我的诗里也发现一些十分高调出现的东西，我对它们进行了修剪和打磨，从中有一些感受，但是我不能完全抛弃它们，我仍有太多的父爱。因为我也注意到，你在开始的时候比在结尾时心情要好。《英雄》的评论是恰当的，仅仅因为要更美的思想，韵律不时有所压抑。Steht（停留）这个词，与泪水在脸上的 weht（湿），违背了语言的运用，可能是这个 steht 和 weht 促成的，这样的情况我还发现了一些。您为什么没有选择悲歌的形式，那似乎更适合于柔和的表达。我也翻译了相同的诗及其他一些如奥维德的《女英雄书信》[1]，并把它们作为我的艺术尝试寄往梅明根给斯陶特林，那位哲学家制帽匠，一直没有收到回复。那首《瑞典人之歌》[2] 从最后第二段开始更好。它仅有一些散文的污点。例如，但是我绝不想活，我只是羡慕它在沉睡的伙伴中唤起愤怒，那战士不是那样

---

1.《女英雄书信》（Heroides），古罗马抒情诗人奥维德的十五首诗的集合，于公元前 5 年至公元 8 年出版。

2.《瑞典人之歌》（Das Lied des Schweden），荷尔德林遗失的一首诗。

说的，他想睡在那成堆的死者之下，头枕着他的剑。表演咆哮，不纯洁的谋杀和死亡！假如您宁愿让他呼吁他的剑，他如何以一种愤怒的呼啸开始！正像一只被激怒至极的山猫嚓嚓地抓挠木头，那个瑞典人也正是这样（因为他必定是被俘虏了），拼命要去够着他放在远处的剑。假如我有一点点过于坦诚相告，那就接受我的无偏见的评论，有则改之，无则加勉吧。随信寄上一篇小作品，完全是为你个人所用，它当然要在我的小集子中加以改进。不过我一定要把它要回来的。您可以把那本朗吉努斯[1]再保留三个月，只要您愿意。我很高兴您喜欢它。如果您手头没有，《裘相》可以随时为您所用。有关房间的事我将在八天以后向您报告。您能来这儿并与您熟悉，我非常开心，——不过您不要高兴过头，更不要在您的梦里建造一个仙境，我向您保证，假如我仍像在毛尔布隆那样浸淫于美学，那我将给予您很多。够了，到时候看吧[2]。

我用埃贝哈德的《配乐诗朗诵》12 页的论文的句子来结束这封信，它也能用于您的灵魂。

*想要用意象和大胆的转换增强诗歌的内在力量，来代替诗歌韵律的匮乏，是徒劳的。诗歌内在的力量越强，其外在的贫乏就越显现。*

再见，亲爱的荷尔德林。

---

1. 朗吉努斯（Longin），无名作者假冒朗吉努斯之名写的《论崇高》的正式经文。
2. 到时候看吧，原文是拉丁文：experire et vide。

您真诚的朋友

玛格瑙

请向摩尔和比尔芬格尔代致问候。

# 为了第一次拥抱的幸福，
# 让我耗费几天的旅行

致伊曼努尔·纳斯特 　　　　　　　　　（毛尔布隆，1788 年 9 月 6 日）

亲爱的朋友：

再过十四天我就要到你那儿了！一天也不会早——也不会晚！中午我与埃尔斯纳去往霍芬根，再从那里去累翁贝格。但在那个第二天我必须继续前行。你陪同我去往我的纽尔廷根（我不能更早），如果那也要几天的话，然后我与你一起回到斯图加特，比尔芬格尔在那里等我们，并陪伴你一起回到累翁贝格。那样行吗，亲爱的？我说话算数，假如有皇帝要我把话收回的话。

那么，十四天以后的下午两点到你那里！哈！兄弟，就为了第一次拥抱的幸福，让我耗费几天的旅行。相比我，你可能对我不这么爱——不，不可能！那将是我一种不可原谅的自负——假如我会相信。我将对你说，我有时已经从母亲和弟弟妹妹那里听到了，我把它们记在心里，只有天知道——如此地爱！因为我已经多次接受告别，但没有一次比你的告别更让我心酸。我们在斯图加特时，将一起去兰特贝克和西梅尔那里。哦，兄弟！兄弟！

为什么我会如此幸福？因为前天我完成了某件事情[1]，为此我有那么多天，成打成打的，天天头脑热得发烫——

我看得出，那是好事，我在这个世界上处处都遇到重重困难——我勇敢地面对遇到的一切，享受应有的快乐，没有必要为那些愚蠢的事情怒气冲冲。

我只要看到，有你和兰特贝克作为朋友！没有人能把你们与我的名誉分开！想象一下一顿 20 年的美好、轻柔和温存的用餐及你的大笑。你拥有它。而我的西梅尔也是一个快乐的诗人！一个好伙计。在上帝的世界，我眼下没有更多了。

你的

荷尔德林

---

1. 可能是指翻译了《荷马的伊利亚特》一文。

# 朋友认为你是严肃、高贵和有一点激情的

克里斯蒂安·路德维希·诺伊菲尔致荷尔德林[1]　　　　　　（斯图加特）

　　他的六音步诗[2]的无法模仿的和谐，一定会把你点燃。假如我手头有《弥赛亚》，那我将给你指出几个地方；可我必须再等一段时间让你满足，到那时你自己就可以在舒巴特那里得到并且阅读了。

　　我已经很快地给你捎来了话：在假期里，我的一个好朋友，他对诗歌艺术充满了热情，将来到这里，他要满足一个愿望，他在文章里对一位教授先生表达了崇敬，要向他当面致意。这些就是我的话。他的名字你知道，他也很渴望见到你。我给予他的有关你的描述，是真诚和真实的。你被认为是严肃、高贵和有一点激情的。你对纨绔子弟嗤之以鼻，对墓碑同样深恶痛绝。对希腊文学你驾轻就熟。这个年轻人许了很多愿，都是他的答复，他一到这里就来找我。现在斯陶特林和舒巴特已经为你准备好，你对他们都不是不速之客。斯陶特林其实是因为诉讼外出，但他这一天到达这里。因为我没有碰到他，所以我与他的姐妹仍然是老熟

---

1. 此信为手写，信的开头部分遗失。
2. 他的六音步诗（seiner Hexameter），克洛普施托克的抒情诗，如《弥赛亚》（Messias）。

人，我只能与她们再担任一个规矩的朗读者[1]的公职。

还有我的老熟人哈瑟尔迈耶[2]及其同伴，我是在一个脑筋急转弯的游戏中与他们认识的。

简讯

从去年复活节至今可能刊印的我的诗。

我的《欧根》，一个战争的幻景，经常在维也纳的报纸和奥地利的 Avisen[3] 上转载。

1789 年 3 月 22 日　星期日

亲爱的兄弟！这里我给你寄上我最初的作品，这是我从其他作品里重新找出来的。那时，我还在狂乱懵懂的爱的时期，你将会从内容中看到某些厚重的东西。我知道你不会笑话那个梦幻者，否则你就看不到了。

午夜（写于 1785 年 7 月 12 日）

*一切都在梦乡！夜深幽静*

*　　禁锢我于高贵的孤寂。*

*苍白惨淡的月光下，隐映*

*　　各色芜杂纷繁的形体。*

---

1. 规矩的朗读者，原文是拉丁文: lectoris ordinari。

2. 哈瑟尔迈耶（Haselmeier），不详。

3. Avisen，报纸。

难辨的呼喊在大厅低吟，
　　塔楼的钟声愤怒震颤，
当钟声停息，我恐怖惊醒
　　时光消逝，迅捷如闪电。


我青春的年华如梭飞逝，
　　空洞的希望加速坠落，
我心上的伤口血流不止，
　　命运把死亡毒汁涂抹。


俗人！希望是你唯一治疗，
　　若痛苦伤害葬你入土；
囚犯梦想着挣脱的镣铐，
　　把残损肢体牢牢束缚。


想入非非的憧憬如幻影，
　　像肥皂泡般破灭飘零。
哦我们懵懵懂懂地飞奔
　　重入盲目命运的专横。


我们期待，世界之轮停息
　　片刻，我们要手执神奇
巨笔，夜以继日夺秒争分
　　与拖延和全能作斗争：

# 诗意地栖居在大地上
—— 写给友人

正当我们精心谋划前程，
　　风暴，而不是徐徐清风，
迅猛聚集狂烈扑来，席卷，
　　在思路清晰构思之前。

哈！所以，甜美温和的期望
　　依然常常萦绕我心上？
哦，我讨厌自己，苦痛骇然随
　　总把短暂的欢愉紧追。

美好与明媚如春日之晨
　　如此幸运环绕我周身；
一条毒蛇吐出死亡之信
　　悄悄在玫瑰花坛潜隐。

黑暗如午夜！错误的期冀
　　层层叠叠地将我绕缠，
它们让我欣喜，忘乎所以。——
　　哈！我颤抖，在其中迷乱。

我真切看见神圣的娜娜[1]！

---

1. 神圣的娜娜　（göttliche Nanette），因心中爱慕而视为神圣的少女。

女骗子！你被歌声引诱，
层层环绕着你的玫瑰花
　　虚无缥缈的梦幻周游。

你以美丽为我舞姿翩跹，
　　如卡利欧珀[1]在我面前，
她拨弦奏乐时，把音符的
　　月桂枝环绕我的前额。

如天使在梦中乘着月色
　　来到人间，闪闪发光的
大袍向他们显现出虚幻
　　幸福，将他们愚弄欺骗。

息怒，从我的眼睛里总有
　　汨汨不绝的泪水涌流；
哦，痛苦的忧伤倾诉而出，
　　何其甜蜜，虚假的幸福！

轻声怨诉，泪水无言回忆，
　　卸载我们心灵的痛苦；
我们不再听闻虚情假意，

---

1. 卡利欧珀（Calliope），希腊神话中九位缪斯女神之一，英雄史诗的守护神。

*沉闷的心灵如释重负。*

我仍常常嘲笑我过去的梦幻，尤其是当我意识到，我曾经如何把一切当真，曾经怎样让心中的一切流淌。但是那对于我也是幸福的时光，我生活和飘摇在我的想入非非之中，可能那样甜美的日子再也不会有了。哦，就像对我轻轻说了一个预言，我是幸运的；因为未来像黑色的风暴弥漫我眼前；并且意识到这主要还是我自己的过错，使我常常几乎不能忍受。让我现在就停下吧，我要到空旷的地方让我受压迫的心得到呼吸。

3月24日　星期二

你还能收到我的一些草稿，那是你早就想要读的。我多么愿意亲自把它们带给你，我的亲爱的！或者朗读给你听！

最后我还要对你说，下次我还要寄给你一封诗信，因为我把它看作你的一个要求。

诺伊菲尔

*我渴望你的回信！*

*哎呀！我想起来你答应把你的诗给我作为交换！*

# 要在一首颂诗中
# 把我全部微小的力量凝聚起来

致诺伊菲尔　　　　　　　　　　　（纽尔廷根，1789 年 12 月）


亲爱的兄弟：

　　经过了很长很长时间，我终于又和你交谈了；我常常从蒂宾根给你写信，但是我不得不忍受的恼怒、刁难、不公，让我对友谊也冷漠了。事实上，亲爱的！我经历的事在我眼里就要变得荒诞；假如没有发生什么，刚好在你到达的那一天之前，我的脚受了伤，而我已经在随后的一天获得了旅行的许可，必须进行四周的旅行，而不去见你。可你已经到了蒂宾根！所有这一切都不应该发生。我本来不应该无故无故坚持要辞职，本来不应该让我母亲感到难受，本来不应该用不愉快为难自己。哦兄弟！我必须认识到，你对我有多么重要！看起来在我的头脑里面是极度缺乏诗意的。我硬挤到纸上的那些东西[1]，只不过是我的情绪的短促发泄，过了几天之后，我再也不想看一眼。关于那些美丽的旋律，我紧接假期之后做了一首小诗[2]。那时候我的眼睛周围还是一片光明。在快乐的几个小时里，我

---

1. 荷尔德林写于 1789 年的诗《致安宁》《致名誉》《曾经和现在》《哀悼者的智慧》《蒂宾根堡》等。
2. 一首小诗（ein Liedchen），《施瓦本少女》，中文版见《荷尔德林诗集》第 32 页。

在一首仿照哥伦布的颂诗上下了工夫，它不久就要完成了，比我其他的那些诗都要短[1]。莎士比亚的诗我很喜欢其中一首。你对此有什么看法。这几天我得到了一本很好的书——《德国古代史》——就在手上。它们应该是比格尔所著[2]。看！亲爱的，那对我是一个快乐的时光。我发现那个伟大的古斯塔夫被描写得这么有热情，这么令人爱戴。关于他的死有那么多有价值的报道，对于我，他是神圣的。我一回到蒂宾根，就要把那些修饰重写到我的纸上，特别是要在一首颂诗中把我全部微小的力量凝聚起来。我们尊崇的榜样对古斯塔夫的颂诗[3]的评价突然照亮了我，是那么恰如其分，是我根本没有想到的。斯陶特林真的是一个好人。如果我的母亲能够早点听到一些有见地的人的劝告，并且让事情符合我的愿望，那我很快就能把他作为我的谋生的学业的样本。这我只对你说并且强烈要求你提出建议。我要求你，亲爱的兄弟，为了我们的友谊，经常给我写信，尽可能地多写。对我的忧郁和反复无常及人人都称之为瘟神的东西，你可以做任何事情。代向霍夫曼硕士致以问候，我想要在下次给那个骑士客厅[4]寄一次土豆，就像我许诺过的那样。生活幸福，真诚的兄弟！

你的

荷尔德林

---

1. 此诗未见。

2. 比格尔所著（von Bürger sein），此书并非比格尔所著，而是 C. B. E. 瑙波特所著《图伦的特科拉伯爵夫人的历史，或三十年战争的场景》（Geschichte der Gräfin Thekla von Thurn, oder Scenen aus den dreissigjährigen Krieges）。

3. 颂诗《古斯塔夫·阿道夫》，中文版见《荷尔德林诗集》第 25 页。

4. 骑士客厅（Ritterstube），神学院里一间在冬天可以取暖的小屋，可能是志同道合者经常聚会的地方，所以称为骑士客厅或骑士小屋。

# 婚姻万岁

玛格瑙致荷尔德林[1]　　　　　　　　（蒂宾根，1789 年 12 月）

我的最亲爱的：

　　亲爱的老伙计，我必须给你写一封短信，为的是偶尔了解一下，你现在感觉如何。老天赐福你。

　　阿门！我和天才大师这段时间一千次地想到你，并以为诺伊菲尔这个老诗骨[2]最近会到我这里，还说，他发烧，连脉搏也没了，结果却是，他比从前要强壮七倍。亲爱的木头[3]！假如你最近不来，你就忽略一封我给你的可怜巴巴的长信。这是你的脚的事，但是上天给你指路！

　　亲爱的老伙计，尽快把你的健康带到这儿来，生活幸福，假如能给予美好的一个小时。

　　永远可靠的

　　　　　　　　　　　　　　　　　　　　　　　你的

---

1. 此信系手写。
2. 老诗骨（der alte poëtische Konsorte），或"诗的老同伙"。
3. 木头（Holz），荷尔德林的绰号。

老伙计，
快乐的鲁道夫·玛戈瑙
1789 年 12 月

婚姻万岁！
诺伊菲尔作证

# 人们私下里所有的一切都是说你的优点

诺伊菲尔致荷尔德林 [1]　　　　　　　（斯图加特，1790年10月24日）

亲爱的兄弟：

　　我期待并但愿，你在我的信里听到了好消息，感觉到好心情和健康，对我来说，这里的生活是一种忙忙碌碌的无所事事，你可能会知道，我总是这样勇气十足。我父亲就房间的事把你的情况告知了韦伯，你须据此行动。

　　斯陶特林让我向你代致问候，并要我严肃地问你，那本瑞士语的书你还要不要，如果不要，他现在真有机会把它卖掉。

　　还有一条消息，是我在漫游中搜集来的，就是你对 L. 斯陶特林有很好的交往，她也在我这里多次问到你，有时说你是一个十分友好和谦虚的人，你当着她姐妹的面问候她，有时因为你，南内特把这事儿掩盖着：人们私下里肯定有争论，所有的一切都是说你的优点。

　　你的袜子随信寄到。

————————————

1. 此信系手写。

你的

诺伊菲尔

附言：你就不能行个好，稍稍关照一下，为我的笛子想想办法。

# 进攻不要怕坠落

玛格瑙致荷尔德林　　　　　　　　（马克格罗宁根，1792 年 3 月 6 日）

最好的荷尔德林：

　　感谢你长久的惦记，现在你终于可以释然了，还要感谢你对朋友们的亲密回忆和友好的握手，他们永远不会忘记你，只要太阳还在他们的伤口上滚动。我真心高兴的是，你的心爱者的悲伤终于过去，就让它永远在那里吧。我过得很好，兄弟，过得很好，就像鱼儿在清澈的泉水中，八天之前我躺在她的怀抱里，沐浴着她的蓝色眼睛的光，那个越来越温暖的春天的太阳，幸福的整整两个钟头——幸福的！——

　　每当我骑着那头喷着响鼻的驴匆匆忙忙地离开那块领地，我总是扪心自问，将会永远这样下去吗？哦，这是一种什么样的生活，在怎样一个五彩斑斓的感觉和感情的海洋里，我小小的灵魂在噼啪戏水！她爱我，这是我唯一能告诉你的，我对自己知道的就这么多，我也不想知道别的更多的。我已经给她创造了一个名字玛格特，因为蒂默尔游记中的这个名字伴随着我长大。农娜！你可能会惊奇，我为此已经做了两个月的准备，气温表显示——冰冷！玛格特的归来给予了最后的推动。诺伊菲尔用他的眼睛看到了爱的最初的种子，他给予了她第一次吻。此后她与我们一起待了九个星期，我们每天交谈，农娜注意到这个，她的计划比我想象的深得多，她研究，爱，赞美——玛格特攥走了这个竞争对手，成了我的！这就是我们的爱与创造的记录。到复活节你应该还会听到。书信有耳。唯有这里，康拉德的帝王般的自豪徒劳地企图剥夺胜利之爱，最崇高的忠诚在不堪重负的肩膀上携着他之最爱进入营地，玛格特生活在这里，一个宁静安逸的隐居处，像一个玫瑰盛开的山谷，越是快快乐乐，在这孤零零的山谷里想要的就越少。

　　我想要给你附上点什么，但是我讨厌饶舌，我写了一首小诗，题目是卡维拉，你从蒂默尔那里熟悉这种乡村的好客，它现在是我的祈祷书。不过，仅是一节——

活泼的儿童组成玫瑰的花环
　　如链围绕你屋子，贴心的爱
柔和温馨，在鲜花丛中盛开，
　　宁静安逸的夜在你的胸怀，
屋子给予你的幸福你所期待，
　　唯其至要，不与你终身相伴。


无陌生人抹黑你天空之愉悦，
　　快乐情怀在此竟无人认知，
对有毒嫩芽的猜疑，仅在荒野
　　滋生，在这片沃土它会枯死，
在此尽爱情和真理硕果累累，

*野草却在根系蔓延前枯萎。*

你说要给我们奉献一首颂歌[1]，我们两个为此就想，从我的菜园子里有什么拿得出手呢？

你能不能借给一首？它高高地飞越我和牧羊人闲逛的山谷，来到这里。假如你的严肃的《守护神》[2]不抛弃那个微小的冰河穴居人，我可以把我的《卡维拉》给你作为交换吗？哦，你为什么不写信告诉我，你可能要来斯图加特，那我就乘着爱的翅膀匆匆去你那里，我们，我，你和被宫廷的气氛弄得肥胖的诺伊菲尔，可以在随便哪个酒馆里建一个贵族科学家的研究院，斯陶特林可能已经拿到了院长的权杖。但是正因为此，你们才这么近，又这么远。诺伊菲尔想当一个萨蒂尔[3]，哎哟，他只需要按照旧的规矩做出一副山羊脸，那他自己就很适合做一个萨蒂尔！他这么对我说的时候，我必定已经真心地哈哈大笑了。假如他写萨蒂尔，那我就写写三角学的某个章节，或者就写写日食。

尽快再给我写一封短信，即使仍然是那么短，我只想不断地知道一点你们的什么事，假如你能避开特洛伊的烈焰[4]，那是我温暖的慰藉。在时代的背景中，总会有令人惊喜之事，而最后即是分

---

1. 颂歌（Hymne），荷尔德林为他与诺伊菲尔和玛格瑙建立友谊同盟而作的《友谊颂》，中文版见《荷尔德林诗集》第 120 页。
2.《守护神》（Genius），可能是指荷尔德林的《青春的守护神颂》。
3. 萨蒂尔（Satyr），希腊神话中贪婪淫荡的森林之神，狄俄尼索斯的陪伴。
4. 特洛伊的烈焰（Brande Trojas），指符腾堡公爵决定在蒂宾根神学院实施有很多限制措施的新规章。

娩[1]等等。——

你们人子让我害怕，傻瓜却仍旧在这里最好的位置，进攻不要怕坠落[2]。但是可爱的理性与强权的命令很难合拍。我像一个船工那么快乐，他经过了风暴，他的短上衣在阳光下已经干了，但是如果以后有人说，这并没有什么用处，那我不会无动于衷，可他们是不信的。

快点再给我写信。向我们所有的朋友问好！但你要生活幸福。

亲爱的兄弟般的

你的

温暖的兄弟

玛格瑙

---

1. 分娩，原文是拉丁文：parturiunt，影射古罗马诗人贺拉斯的《诗歌 第 139 首》：山岳阵痛时，一只可笑的老鼠降生。
2. 进攻不要怕坠落，原文是拉丁文：impavidum feriunt ruinae，引自贺拉斯的名言第二部分："当世界分崩离析，无惧者也被碎块击毙。"（颂诗 II/ 3 第 7 页）

# 假如有你在我身边，
# 世界就是另一个样子

致诺伊菲尔 （蒂宾根，1792 年 4 月下半月）

　　我仿佛觉得仍与你在一起，兄弟我的心！可是我坐在阴暗的墙壁之间，思量着我心灵的快乐如何赤贫，惊异我的听天由命。你和那个优雅的形体[1]向我显现明亮的时光。但是亲爱的宾客们却发现根本没有友好的客栈。我的希望已然终结，如我所愿。相信我，那为你盛开的美丽花朵，那生活的快乐的花冠上最美丽的鲜花在人世间已不再为我开放。要知道，人间的这种美丽和荣光，以及他曾经多么自豪的心，却是不得不说，那已经不是你的了，这是多么苦涩。但是期望永恒的快乐并非愚蠢和不知感恩，假如你足够快乐，就能够有一点点自娱自乐。亲爱的兄弟！我已经失去了勇气，那也好，就不期望太多。我依赖自己所相信的一切，它会让我健忘，感觉自己时时刻刻情绪低落，无力让自己像别的孩子一样快乐。我一千遍地想，假如有你在我的身边，那很快就会是另一个样子。你无法想象，我如何怀念过去我们在一起生活

---

1. 优雅的形体（holde Gestalt），姓名未知，必定是荷尔德林去斯图加特时认识，并作为原型写入《许佩里翁》（Hyperion）草稿第一部：我与那个美人（mit dem Holden Geschöpf）表演童年的梦。

的美好日子。——我不想再向你倾诉我的忧伤。你有那么美好的生活，如果要用这种方式中断它，那是罪过。维尔戈又重新唤醒了我对自己短暂快乐的怀念。我曾对那个可爱的希腊人有孩子般的快乐。卡夫洛也在此大受欢迎。我在那种场合也会有烦闷，不过再说下去实在太没意义了。它在人的心中有时候似乎微不足道！——

在我的《自由颂》[1]中，我因为疏忽在一个诗节里插入了一个词，称为"为着财富"，它不属于这个诗节，心灵因此充满。

*为传承的神的威权，*

*兄弟！为我们爱的意愿*

*兄弟！君主将成过去！觉醒吧！*

最后一行的"兄弟"一词造成两个音节超出。你对那位亲爱的大夫[2]说，把它删去。很明显这首诗的刊印仍然未定。我还有很多要做，不让这种讨厌的诗的错误出现在公众眼前。

如果你在你的男女朋友中间这样想，蒂宾根的那个可怜的小青年过得多滋润，如果他是那样并且说，只要你能并且想要，我祝贺。乐谱抄好后我即寄上。当然我要为此写一封很蠢笨的信。孤注一掷了。但她绝不会从我这里得到谄媚讨好的词语。我做事从来就这么呆板。如果我在告别时想到了被忘记的陪同，就会给自己的额头一击。可是正像我说过的，我幼稚的期望算是完结了。她大声笑话这个病恹恹的诗人，我并非要为此悲伤。但是您

---

1.《自由颂》（Hymnus an die Freiheit），见《荷尔德林诗集》第114页。

2. 鲁道夫·斯陶特林（G. F. Stäudlin，1758—1796），诗人和出版人，通过诺伊菲尔与荷尔德林相识。

的心灵对此太柔和，太善良。上帝作证！我对她永远尊敬。她的本质中的高贵和宁静与别的地方的人形成强烈的对比，这到处都注意到，并且很滑稽，除了永远想笑，别无其他。——不是吗，亲爱的？我现在也学会写长信了吗？起因会是什么呢？——写信告诉我你真的过得怎么样。也许从此会把光明带到我的阴暗中。

你的

荷尔德林

罗塔克尔要我向你代致问候。

# 我想同歌德谈谈，怎么变成那只金龟子

玛格瑙致荷尔德林 　　　　　　　　　　　　　（1792年6月3日）

**最亲爱的：**

　　谢谢你经过这么长的时间终于给我寄出的信，还要谢谢上天的赐福，还有全部九个缪斯女神围绕着你。你这么健康，让我高兴，可能众神赐予你这个好心情，他们不用痛苦来打扰你。我惊奇的是，我像一个神一样，这么自由自在，满足于享受一个快乐的杯盏及它各式各样的葡萄酒。我想同歌德谈谈，怎么变成那只金龟子[1]，好汲取这个美好的五月所有一千个魅力和幸福。瞧，在这条冰雪覆盖的小径上，我曾和玛格特款步而行。在这棵树下她跟我说过爱的话语，树叶沙沙着我们的交谈，兄弟，五月已不再妩媚地从我面前拂过，因为它所有的所有的一切对我现在都弥足珍贵。你认为我很神秘，哦，我可不是，至少对你不是这样，你难道不是荷尔德林？我应当对你不信任？可耻！假如我那样做。还是让我的话埋藏在你心灵最深的角落吧。从陌生的双唇吐出的最轻微的气息也会毒杀爱的柔弱植株。

　　我称呼她玛格特，可是别的人都叫她韦因贝格来的卡罗林·奥

---

1. 金龟子（Maienkäfer），见歌德《少年维特之烦恼》，1771年5月4日的信。

林豪森！她前一个冬天偶然来到这儿，我认识她五个星期，并不
爱她。她心地善良，羞怯，心灵纯洁明亮，她宁静的性格让我喜
欢她，在那五个星期里我理解了她的一切——她说，她相信她已
经完全认识了我，她可能错了，等等，而在那之上是永恒至爱的
第一个吻！弗里茨！从你以后我的心离我而去，在她的爱之玫瑰
束缚中哀叹。在这个夏天开始之时，我到她家与她在一起。我无
法向你描述，我也不能表达，我整个的人如何像被一根钻石的带
子捆住。我想尽一切办法让他们对我真诚。那时，我在温泉的观
景台上享有天赐的一个小时，我婉转在她的怀抱里，可惜没有行
动和条理。假如我能注意到会如何呀。我离开的时候她哭了，她
的妹妹，一个可爱的小女子偷听我们说话，因为她吊在我的脖子
上。那么你走吧，玛格特说，把这颗心随身带上，假如你杀死了
它，你就是最大的罪犯。我挣脱开去，因为我再也不能忍受这样
的场景。看，亲爱的！事情就是这样。希望你快乐，假如我仅仅
是送出去一顶王冠，那我觉得很好，我把它赠送给这位天使作为
感谢。

　　你将成为一个罗马语诗人[1]。《塔利亚》引导你，在无经验的
朝圣者视为畏途的深渊之间，如履平地般走过，对此，让我也说
上一句，我赞同你的决定。下个博览会也有我如下的一个小作品
发表[2]：

<hr>

1. 罗马语诗人（Romanist），荷尔德林的抒情散文体小说《许佩里翁》是他作为罗马语诗人的
最早证明。
2. 1793 年在奥格斯堡匿名发表。

*《沃尔夫·封·布兰肯霍恩，和库尼贡德·封·萨克森海姆*
*——一个古老的施瓦本故事》*

经过搏斗，我成功地把恶魔逼入了 16 页纸张。这个故事是真实的，但也是诗歌创作。它已经完成，还应当仔细加工。萨克森海姆的那些警句在其中发挥了一点小小的作用，并在结尾解开了那团乱麻。

我早就期待诺伊菲尔能够阅读这首诗，我把他当作仅次于你的评论之友。糟糕的是我错过了这些，很多好的东西未被揭开。我想把高卢自由颂诗寄给你，但是诺伊菲尔的意见是有很多地方写得不好，所以我先要修改。其中有些地方如下：

6.
*我们难道不是吮吸你的乳汁，*
*成长为男子汉？哦，说出来，*
*自由海岸的市民都把你热爱，*
*德国难道不是爱你很久，*
*哦自由！奉献在圣坛难道不是*
*她的羊群，她森林的橡实？*

7.
*你未曾用你神圣火炬为伟大*
*德国的赫尔曼举行大典，*
*成为金饰辉煌的罗慕路斯家族。*

你权利的复仇者，克拉苏斯的军团？
谁像他，制服独裁者的傲慢？
谁勇敢保护你神圣遗产？

\* 但这也必须是你我之间保守的秘密。

## 8.

塞纳河的岸边，法兰克人曾经
放纵地掠夺我们的月桂，
他耽于美酒，醉态百出，却傲视
我们为奴仆，难道还不够？
皇冠已戴他头顶，为此他早已
觊觎我们的头，这还不够？

哪里有自由，那里就

## 18.

王子无需一支雇佣奴仆的军队，
他香甜安睡，人民守卫他，
自然不可变更的权利护佑他，
他撕裂它，推翻他的王权，
哦自由！耳畔银铃之声，心中
伟大情怀！帝王的抱负高照！

19.
*法兰克人欢呼，他的赞歌回响*
*塞纳河畔，我们聆听着它，*
*它如惊雷，震响在莱茵河两岸，*
*它还回环萦绕多瑙河上，*
*哦你嘹亮地唤醒懒惰的人们。*
*法兰克人自由，金色黎明破晓！*

我还作了几首天主教的小诗，全跟玛格特有关。其中一首是为了把上面的颂诗降降温。

*树林灌木间鸣声啁啾清泠，*
*爱把所有的生命都唤醒，*
*从严冬的死亡之梦中复苏，*
*燕子把年轻的羽翼振扑，*
*鹌鹑唧唧啾啾寻觅着种子，*
*在阴影里，在开花的树枝，*
*燕雀亲吻傍晚的宁静安详，*
*携手重获生机的小新娘，*
*我的目光探寻所有的地方，*
*无论巉岩交错悬崖荒凉，*
*还是险峻的巅峰高入云端，*
*爱都建造起一座座圣坛，*
*抚爱一切他所托付之物事，*

歌颂一切如我无所忧思，
不要惧怕在爱之美丽早晨
还在玛格特的怀抱酣梦！

但是够了！你的耐心已到极限。生活幸福，让我能再次听到
你的消息，并且像我爱你一样爱我。上帝保佑，亲爱的兄弟！

玛格瑙

# 祝愿你一觉醒来神清气爽

致诺伊菲尔　　　　　　　　　（蒂宾根，1792 年 9 月 14 日以后）

亲爱的兄弟：

　　你有了那封信[1]。我惊奇的是，在我写信时，我的头脑里和心灵上，突然千百种感觉袭来。你现在正在报复，而不是书写，这并不美妙。我最近读了预言家那鸿，传说中亚述的城堡和要塞，就像过于成熟的无花果树，只要人们摇它，果实就会落进嘴里。我开个玩笑，把它全部都为我而用并用于我。我尊贵的！亲爱的兄弟！我相信，如果那棵光秃秃的年轻的树枝丫干枯立在那里，人们根本不需要多摇它。我在这里绝对没有快乐。我现在几乎整夜坐在我们旧的小屋里，一遍一遍地想白天的懊恼，我高兴的是，它过去啦！我不把自己送进疯人院，他们也不把自己送给我。那个勇敢的奥腾利特做得多好。这样一个美好的心灵却不得不在生命的半程离去，当然是活着的人的悲伤！自从我再次听到有关他的死、关于世界上其他的新闻的既不用脑子也没有心灵的表述，奖学金只不过更让我作呕。这里流传着一种有关舒巴特在坟墓里的恐怖的传说。你肯定也有所耳闻。写信给我说说。你不相信，

---

1.可能是指给"那个优雅的形体"的信，见下文"去想那个娇柔、美艳的人"。

我多么渴望能收到你的一封信。那也是再一次快乐的感觉。你可以想一想，在这种环境下，我要克制自己，少去想那个娇柔、美艳的人，有多么难。我不过是完全温和地恳求她的友谊，我不能得寸进尺。我亲爱的莉克今天也给我写信，她对斯图加特充满了期待。这个好孩子已经成为不可预测的新娘。如果她一切都好，亲爱的兄弟！我们真的应该感到高兴。——她的新的女友布莱尔给她写来了热情洋溢的信。你有什么想说说的吗？她已经做了说明，一点也不让人惊奇，这样一个温柔的性格，这样伟大的理解，把一个男人或者少年吸引。——但是吸引这个词却是一个硬邦邦的词！你真的认为，它能用到那个可怜的淘气鬼身上？

你可能会笑，我在自己这种懒散的生活中萌生了要创作《勇气颂》[1]的想法。实际上，这是一个心理学之谜！——现在已是深夜。睡个好觉，亲爱的兄弟！你显然已经在做梦了。所以我祝愿你一觉醒来神清气爽，像我往常一样。快点来信啊，亲爱的！尽你最大可能，我还有银句给您呢！

你的

荷尔德林

---

1.《勇气颂》（Hymnus an die Künheit），后来改为《致勇气的守护神》（Dem Genius der Künheit），中文版见《荷尔德林诗集》第 140 页。

# 我们被缪斯的亲吻激励，上升

诺伊菲尔致荷尔德林 [1]　　　　　　　（斯图加特，1793 年 7 月 20 日）

你的守护神没有悄悄问你一个友好的早安？我的亲爱的！你的耳边没有感觉到一个温柔的飒飒之声？今天早晨，我栩栩如生地回想你和我们的友谊，它们应当带领我们走向我们青春梦幻的美丽目标。现在，幼芽最终成熟，果壳将会脱落。很多花朵仍在优美雅致的廊道开放，很多金色的果实仍在乌拉尼亚天空的花园悬挂；那是给追寻者丰富的收获。

这么久了，心灵的迷宫之路仍未开启，这么久了，仍有无数使人与人对立的新情况发生，这么久了，哲学和道德仍在哺育被遮掩的神性，这么久了，自然仍然没有在它所有的形式中被感知到，这么久了，仍有那么丰富的领域有待诗人发现，假如想象、心灵和观察的风险没有把他拒绝。我不理解那种天真的倾诉，说在我们的时代人不可能再言说新颖。荷马和莪相可能本来能够演奏同样的音符。在诗歌艺术的领域里仍有未发现的处女地；但是通向那里的荒径被覆盖，勇气和胆量向那里投去遥远和昏暗的光。让我们在无人探寻的轨道上去发现它。激情的羽翼用于载着

---

1. 此信为手写。6 月 27 日，诺伊菲尔和斯陶特林、马提松一起到了蒂宾根，荷尔德林借此机会朗读了他的赞美诗《致勇气的守护神》。

我们飞越悬崖，到达目的地，而不是恐惧地踌躇不前。我们应当让尝试吓退我们？还是去经受阴险的末日审判？后代应当是我们的审判官，假如我不能以先知的肯定向自己做出预言，我将扯断我的琴上每一根弦，把它在时间的灰烬中燃烧殆尽。更高的颂诗和赞美诗，这两个缪斯，在我们的时代，可能在所有的时代都是被视而不见的！我们投入她们的怀抱，我们被她们的亲吻激励，上升。这是怎样的前景！你的致勇气的颂歌[1]应当用作你的箴言！希望驱策我前行。希望燃烧的火炬为我照亮黑夜，让我避开已经让很多人粉身碎骨的暗礁。我为她们唱了一首颂歌，用诗意的惩罚与我自己和解。我们想用大师的作品羞辱妒忌者和敌人。我们本来能够像从前一样紧挨着住一年。现在我们能够更好地利用它，任何痛苦的闲话也不能把我们分开。我非常高兴不久又能拥抱你了，因为我确定你会信守你的诺言，这个秋天到我这里来。这些天就该完全沉浸于兴高采烈。

随信给你寄来一个小故事：我其余的作品只能你个人看。

作为结束还有一个双倍的请求。假如你眼下没有你的赫西俄德也能对付，就把它寄给我。它不应当被幽禁。让我分享你致勇气的颂歌。我肯定，你一定会这么做的，因为我不会白白地请求你。我想让我的女友们朗读它，她们对此已经急不可耐了：尤其是一个[2]我不说名字的，她渴望至极，因为马提松为此拥抱了你，他是否并不需要这些活页来自荐。

我会把它放在斯陶特林的档案室，为他将来使用。

---

1. 致勇气的颂歌，即《致勇气的守护神》。
2. 一个（eine），鲁道夫·斯陶特林的妹妹洛特·斯陶特林。

生活幸福，我的朋友！希望让我的请求很快得到满足。


诺伊菲尔

# 你的诗驱散了遮盖着哲学之神性的迷雾

致诺伊菲尔 　　　　　　　　　　（蒂宾根，1793 年 7 月 21 日或 23 日）


　　你是对的，贴心的兄弟！你的守护神这些天离我很近。事实上，我感觉到你对我的永恒的爱很少有那种明确和宁静的快乐。你的守护神这段时间以来也向我通报了你的活动，与我想的一样。我写信给我们的斯陶特林，讲了我现在的一些幸福的短暂时光。看！那就是，你的心活在我的心上。我感觉到你的安静，你的惬意的满足，你用它们观察当代和未来，自然与人。还有你的大胆的期望，你用它眺望我们远大的目标，也活在我心中。我给斯陶特林写道：诺伊菲尔宁静的火焰总是柔美地照耀，而我熊熊的秸秆之火或许早已燃尽；但是这也许并不会一直惊吓我，至少在神圣的时刻，当我从自然幸福的母腹娩出，或者从伊利索斯河畔的梧桐树林[1]返回，在那里，我在柏拉图的学者们中间休憩，目送着那位荣耀者的翱翔，他如何在上古的黑暗远方漫游，或者，跟随着他在幽深之幽深、在精神世界的终极之地晕眩，那里，世界之灵在自然千万次的脉动中把它的生命遣送，那里，喷薄的力

---

1. 伊利索斯河畔的梧桐树林（dem Platanenhaine am Ilissus），作者原意是在柏拉图的学园，苏格拉底与菲多斯的对话，但伊利索斯河畔的梧桐树林其实是另一个地方。

量向着不可估测的循环回旋[1]，或者，当我从苏格拉底的杯盏喝醉，苏格拉底在飨宴上欢乐的友谊，聆听激情四溅的青年的谈吐，他们如何以甜美动听、激越澎湃的话语致意神圣的爱，还有调笑者亚里士多发尼在其中插嘴搞笑，最后，神圣的苏格拉底大师本人，以他天赋的智慧教导他们所有的人，何是爱[2]——此时，我心中欢乐洋溢，我当然不会如此沮丧，我必定把心中明亮的火焰，在那一刻把我自己温暖的火焰，点燃，此时此刻，我能把我的小小的作品，我活在其中、哭在其中的《许佩里翁》通告，也为了人们的快乐适时把某些东西公之于众。

我很快发现，我的那些赞美诗在那些具有美丽心灵的女性那里，很少能赢得一颗心，这增强了我要创作一部希腊小说的愿望。让你的尊贵的女友们评判一下，从我今天寄给斯陶特林的片段中，是否我的许佩里翁还不能跻身那些已经与我们有过一点倾心交谈的英雄，而不是言辞的和冒险的骑士。我特别在意你没有提到名字的那个人[3]的评判。我希望，以下的文字能够以一种坚定的立场调和他们和其他人有关她们女性的、不得不从许佩里翁的内心说出的观念。你自己也评判一下，亲爱的兄弟！我希望借于审视这个片段之片断的那个观点，已在给斯陶特林的信中做了乏味的铺陈。我希望这一次你能从中揭示最深刻的本质。可是时间实在不充足。仅这么一点点。这个片段更像是一种偶然情绪的混杂，而不是一种固有性格的隐蔽发展，因此，我把对意念和感受

---

1. 荷尔德林此处是指《理想国》的对话《蒂迈欧篇》。
2. 此处写到了《理想国》的对话《会饮篇》。
3. 荷尔德林指的是他心仪的少女洛特·斯陶特林。

的动机仍然留在黑暗中，我因此致力于更多地通过一幅充满意念和感受的画（对美学的感受）来增强审美能力，而不是通过按部就班的心理发展来增强理解力。但是最终，要让一切精确地回落到对他起作用的性格和环境上。我的小说是不是这么回事，要由结果来说。

可能我刚好选择了最无聊的片段，如果没有必要的前提条件，随后的与整个第二卷相比，可能更让人兴味索然（第一卷尚未完成），因此，这些必要的前提必须在场。——你对诗歌王国里未发现之地所做如此精妙的论述，也完全适用于一部小说。先驱者众多，唯有很少能够抵达新的美丽之地，向着发现和研究仍不可预测！我庄重地向你保证，如果我的许佩里翁全书不能比这个片段好三倍，那它必须毫不怜惜地被扔进火里。无论如何，如果后代不成为我的女法官，如果我不能以先知的智慧言说，那么，我就像你，把我的琴上的每一根弦扯断，把它们埋进时间的废墟。我认为你的歌是非常非常美好的，特别是最后一节。不是吗，亲爱的兄弟！这最后的一节在于，人们驱散了遮盖着哲学之神性的迷雾。你让我羡慕最多的是，就像我常常对你说，我相信你富于启迪的描述。我尽全力抗争。可是那个亲爱的客人，一张友好的笑脸，得到的却是你的歌，它似乎已经来到了你的赞美诗的社群。我几乎就要相信，你用这首赞美诗制造了它，就像某个逗乐者在打斗表演中所做的。他并不现身，直到那个对手很可靠地上了轨道，他于是用他出其不意的胜利狠狠地羞辱那个穷小子。来吧！我已把一切都说了。我把我的赞美诗[1]寄给了我们的斯陶特林。我在那充满魔力的光中注视着他，因为我与他已完成，不仅如此，我还告知他，那个难忘的下午，现在已经渐行渐远，我只希望能尽快用一首有关他的匮乏的歌安慰自己。——那本期刊办得怎么样了？你给马提松写信了吗？我还没有。寄上我的赫西俄德。

啊！你当然是对的，这必定是一个令人愉快、成果丰硕的时光，假如我们能像从前那样再一次共同生活。我将会尽最大的可能，尽快到你那里。那么生活幸福！

你的

荷尔德林

今早你亲爱的信到达时，给斯陶特林的包裹已备好。我能否请你捎给他？

---

1.《致勇气的守护神》。

# 要在大作中包含时代精灵的隐藏的诗行

戈特霍尔德·弗里德里希·斯陶特林致荷尔德林[1]

（斯图加特，1793 年 9 月 4 日）

……

身着骇然的铠甲，在……旁伫立，虎视眈眈已千年。——那优美的语言，活生生的展现，把我殷切地引向您的故事。若我能获得更多的片段，您即得到我对全篇的评判。若您尽最大可能从头道来，我将予您莫大的感激。——您千万不要遗漏，……要在大作中包含时代精灵之隐藏的诗行！！！——

……

---

1. 此信系节选。

# 我何时能从这里走向世界

致诺伊菲尔　　　　　　　　　　　（蒂宾根，1793 年 10 月初）

亲爱的兄弟：

　　请原谅，为我的好奇心的满足表示感谢，竟然犹豫了这么久。但是正如我常对你说的，如果我的头脑里和心上没有什么可对朋友通告的，我就宁愿不写。现在我真的是一贫如洗，亲爱的诺伊菲尔！——假如一个人不这么周期性地改变！要么我至少在这一点上不是最让人恼火的！

　　可是我想，很快就会旧貌换新颜。几个小时，当我有你在身边，我相信，好事接踵而至。可惜一封真正的长信毫无可能。——我计算着分分秒秒，直至我知悉，我何时能从这里走向世界。我在这里尽可能地勤奋。可是事情毫无进展。对比格尔和福斯的年鉴我特别地渴望。你本周不能找到它们；它们应在下个邮政日退回。也给我写写你的工作和快乐，亲爱的兄弟！我可不会变得好妒忌，对我的引诱现在却是这么大。

　　你不知道，我们的考试大概多久开始？你能不能如此善意，把我的日期写给我？我正尽可能多地在附近的村庄布道，为的是我有足够的时间练习。

　　你如此善意地在斯陶特林那里问一下，他是否认为旅行费用是不言而喻的，还是我应当为此询问一下，假如某些情况应由我的情况而定。能够读到尊贵的朋友的只言片语，对我也是莫大的快乐；但是不言自明，必须以他的舒适为前提。一旦我有了职位的消息，我就去你们那里，你们亲爱的！我唯一的祝愿是真诚地希望和回忆。

如果你听到了委员加代、韦尼奥、布里索的命运的近况，尽早写信告诉我。啊！这些人的命运常常让我痛苦。没有了后代，生活将是什么样的？

晚安，贴心的兄弟！让我尽快听到你的消息！

你的
荷尔德林

# 朋友的一句友好的话语
# 现在对我如雪中送炭

致诺伊菲尔 （蒂宾根，1793 年 10 月 20 日前后）

亲爱的诺伊菲尔：

你好像已经把我遗忘；否则你早就用一次来访，或者至少用
一封信对我单调的生活进行安慰了。我的头脑里早已是严冬，跟
外面一样。日子变得很短，为的是让寒夜更漫长。但我还是开始
写一首诗[1]

——*这英雄的女游伴*

*铁的必然性*

我为什么要写，并非我事先计划好，要在几天后去斯图加
特，我很想跟你说说。

我的家庭教师职位的事进行得很糟。我得不到肯定的答复，
也不能准备行装。我的母亲倒是提前为我操劳，我觉得很好奇，
因为我未来状况的不确定让我心情很差。

因为我同时要操心我在斯图加特的服装，在答复到来之前我
不能提前着手。因此，我想请求你，亲爱的兄弟！你在收到信以

---

1.《命运》（Das Schicksal），中文版见《荷尔德林诗集》第 150 页。

后询问一下斯陶特林，他是否知道确定的消息，一旦你知晓了什么，就立刻通过返回的邮差告知我；但如果是别的情况，你也能做一点同情的工作，若你一如既往地对我有求必应，就用一封信来创造一个真正快乐的时刻吧。

一位朋友的一句友好的话语现在对我如雪中送炭，一如以往。

别让我的希望落空！一千次地问候斯陶特林和别的朋友！

你的

荷尔德林

# 对你们的念想以及心中充满爱的过去，
# 让我难以入睡

致斯陶特林和诺伊菲尔

（瓦尔特斯豪森，1793 年 12 月 30 日，转告诺伊菲尔！）

尊贵的朋友们：

我现在已经在屋子里和人们中间，他们就在我面前，而在外面，有我的冷杉林，还有群山环绕，自从上周五的晚上我抵达以来，他们应有尽有；除了我的沉闷乏味的邮车旅行的那些无意义的新闻，我还有一些别的能告诉你们，都和我现在和未来的存在有关。不过我必须有言在先，你们真的应该感谢我，我现在已经在给你们写信了。我醒来再也难以入睡，因为唤醒了我对你们和所有尊贵者的念想，以及我心中所有充满爱的过去，这让我毫无快乐的角色可以扮演。有关从斯图加特一直到纽伦堡的旅行我没什么可对你们说的，我大部分时间都闭上眼睛，让你们，以及我过去所爱的一切，浮现在眼前。在纽伦堡我恢复了活力。与路德维希先生[1]一起很轻松欢乐。他对杂志[2]的贡献仅一点点，因为英文版让他有很多事情要做。他允诺，准备为那本杂志物色一家出版商，他将会像他说的那样，让雇员的比例适当。他的嘴像魔鬼

---

1. 路德维希先生（HE. Ludwig），舒巴特。
2. 杂志（Journal），鲁道夫·斯陶特林筹办的杂志。

一般，是利己主义的长号。其余的，就像我说的，对他还是满意的。星期二（我星期日才抵达纽伦堡）我向埃尔兰根进发，在大学的教堂里欢庆了圣诞节，阿蒙教授作了精彩漂亮，让人浮想联翩的布道，为此他至少挣得了跺脚和哈气。星期三晚上我再次从埃尔兰根出发，午夜后到达班贝格，走了一夜该死的严寒且不安全的道路，因为有匪盗团伙，有人派遣了一队轻骑兵去森林里迎接。从班贝格到科堡，我一整天都在风光旖旎的河谷中，伊策河在我的身前身后从河谷中穿流而过，我星期四傍晚抵达科堡。（在途中，我怀着巨大的愤懑注视着整个法兰肯！你们也能想象，对那个乐善好施的普鲁士政府不满。他要在法兰肯普鲁士的国土上征召 60000 人，在纽伦堡地区也这样做。因为普鲁士人在纽伦堡地区有旧的权利 [1]。在纽伦堡，锻工圣·安托因编辑德语 [2]，估价水果和肉类，还给城市贵族送去有关绞刑的信息。科堡市民在一场火灾中把民兵揍了一顿，等等。）在科堡我凌晨三点乘专程邮车出发，晚上抵达，见到了封·卡尔布少校先生（他在法国服役，在拉法耶特将军率领下参与北美的战争），他是个接受过最优秀的人文教育的人，封·卡尔布夫人的一位女友 [3]，她在耶拿已有两个孩子，还有我未来的住读生，一个漂亮帅气的男孩子，但是这位家庭教师呢，他，像整个屋子一样，还不知道一句有关我的到来的

---

1. 旧的权利（altes Recht），根据 1427 年纽伦堡与勃兰登堡的弗里德里希一世之间的条约，普鲁士人在法兰肯地区拥有的权利。
2. 编辑德语（zu deutsch ediert），1793 年 12 月 9 日，纽伦堡发生了铁匠领导的、对水果市场的物价上涨的抗议，荷尔德林把它比作当年 5 月 1 日圣·安东尼代表巴黎近郊的一个代表团向国民公会提出最终要求。
3. 封·卡尔布夫人的一位女友（eine Freundin der Frau von K.），W. M. 吉尔姆斯。

话语[1]，尽管他睿智并且风度高贵，仍然让我十分尴尬。你跟席勒说说这些事情，亲爱的医生！那位上校对我的安慰很大，他能够超越紧张的情况。其余的下次写吧。向我高贵的女朋友和男朋友们致以一千次的问候！

> 永远是
>> 你们的
>>> 荷尔德林

那首写命运的诗，我在旅途中已经接近完成了。我的地址是：荷．硕士家庭教师在封·卡尔布少校先生家　迈农根附近的瓦尔特斯豪森。

与那位神父和管家[2]相比，我只是个侏儒，只够到那些酒瓶的脖子，您，亲爱的医生，非常喜欢把它们打下来！！

---

1. 卡尔布夫人因为分娩住在耶拿，没有把荷尔德林即将到达告知她丈夫；而发往纽尔廷根，请求荷尔德林推迟行期的信未收到。
2. 神父：嫩宁格尔（J. F. Nenninger）；管家：不详。

# 精神和心灵之间的关系，就像命运

致诺伊菲尔 　　　　　　　　　　　（瓦尔特斯豪森，1794 年 4 月初）

亲爱的兄弟：

　　我相信，在我写信的这个小时，也正是人们必须要有的一个小时，用它来给贴心的朋友写信。它必定成为我们迫切的需要，与一个属于我们的灵魂交流，因而努力写信是值得的。

　　因为你不像我一样写信，我哭诉你和我之间的猜疑和不信任，对我绝不是兄弟情谊。我对你很了解啊。相比于我，你有某个更爱的，但是那并不是说你对我要少一点，就像你一开始那样，并一直如此。

　　内在生活和外在生活，精神和心灵之间的关系，就像命运，促成了你和我之间的难以撕裂的同盟。我们对我们各自的弱点和美德这么了解，但我们仍然是朋友。喜新厌旧的魔力于我们早已消失殆尽。你认为你从开始的第一刻和第一天就找到了一切的幻觉，你认为找到某些东西的幻觉，在你我之间已不存在，而我们仍然是朋友。

　　我们为一个奖赏而角力，而我们仍然是朋友。我们误解自己，但仍然是朋友。亲爱的！我更希望的是，相信我们的同盟是永恒的，我们没有渺小的心灵？

　　它是特别的；自从我们发现对方，我就在我的内心遭受了某些蜕变，有些东西我倾注了全部的爱，那些曾经让我兴趣高于一切的理念和个人，都对我失去了意义，新的理念，新的个人，把我淹没，可是我的心对你依然忠诚。我完全不应当在我的心曾经赢得真正价值的地方游荡不定。在你的一方，让我惊奇的较少。你的坚定的信念是你所有的快乐和你的价值之根。因此我如此明了，你将比我更快乐更伟大。

　　你走在正确的道路上，亲爱的兄弟！你让别人摇他们的头，你走你自己的路。这是一门伟大的艺术，令人眼花缭乱的事物不会让他献出整个的心，假如它们是他心中已有的别的东西，即被排斥。这即是你的艺术。你不迷恋任何事物，你的心思美好、善良和伟大，但是它腾出了属于它的更多地方，为与别人并肩而立。你是幸运的！如果我想做，我也能做到。宁静的内心生活是人能够达到的最高境界。

　　你对你的维吉尔保持了如此的忠实，我高兴得无以表达。那个高贵的罗马人的精神必定神奇地增强了你的精神。你的语言必定与他的在优美和力度上进行着越来越多的战斗并获胜。对你的战斗的感激也是对德意志民族的感激，冷淡的记忆！但你定能赢得朋友。但是在我看来，我们的人在过去的几年里更多地参与理念和对象，而它们却超出了直接有用的范围；人们现在比过去对美好的事物有更多的感受；让战争的喧闹沉寂，真理和艺术将在独特的作用圈子里生存。当然，也要让人们说一些相反的话语。

　　如果我们忘记那些可怜的骗子，或者根本不进入我们的记忆，如果总是与更好的人在一起，如果权利的神圣法则和更纯粹的知识统统进入记忆并且永远不会忘记，那会怎么样？

我最近唯专心致志于我的小说。我是说，制定一个更加一致的计划；我似乎觉得整个人都更深地进入那个人的内部。为您的泽尔玛写的诗[1]，我肯定已寄出八天多了。邮政日催我急迫，在这之前我只做了一点小的修饰。我必须首先向你请求你的谅解，亲爱的兄弟！你似乎不能理解，有人这样低劣地或者仅仅平庸地歌颂他的泽尔玛。这是作为一件给你的小礼物。它是一个愉快的小时里的产物，我那时正在想念你。你应该得到一首更好的。你可以把这件小东西作为对我的半是惩罚半是奖赏，运输到隐姓埋名者那里，或者去往你所愿之处。——

致诺伊菲尔。1794 年 3 月

明媚的春天又重回我心，
我快乐依旧，童心未泯，
爱的露珠涌出我眼眶，
欲望和痛苦仍在内心激荡。

我被赏心悦目的美景抚慰，
还有蔚蓝天空和葱郁草甸，
神祇递给我快乐的毒酒杯[2]，

---

1. 荷尔德林于 1794 年 4 月写诗《友谊的愿望——致罗西娜 St.》，献给诺伊菲尔的女友罗西娜·斯陶特林。
2. 德文原文为 Taumelkelch，引自克洛普施托克的诗《弥赛亚》: der Rache Taumelkelch，意思是"复仇的眩晕高脚杯"，此处译为"毒酒杯"。

*那青春般友爱的大自然。*

*安心吧！此生值得有痛苦，*
*神的太阳还照耀我们胸脯，*
*更美好前景仍浮现我们心，*
*啊！友情的眼睛陪我们泣哭。*

*——荷尔德林*

　　我最衷心地感谢，你如此兄弟般地用钱给我接济。在此回寄两个卡罗林。有时间尽早给我写信，生活幸福。

　　我忘了给玛格瑙写信。我不理解他。但是你绝不要抛弃他，亲爱的兄弟！也许你会再次发现他更好的一面。

# 人的美好意愿不会无果而终

致席勒 （瓦尔特斯豪森，1794 年 4 月）

　　在一个小时里，接近一个伟人使我变得十分严肃，我允诺，在这个小时里，在我如此扩展的工作范围内，通过其成果建立人的尊重。我为此向您承诺。我向您作说明。

　　把我的小家伙培养成人，一直是我的目的。我深信，所有的人性，是不能用理性以外的词语来称谓，或用这个词精确地说明的，我思考，在我的小家伙身上培养他最高贵的品格并不过早。他现在已经无法进入纯洁的天性，过去也未曾进入。这个孩子不可能关起来，与社会对他成长中的力量的所有影响隔开。如果有可能，现在已经能够把他引入习惯的自由的意识，使他成为一个有责任能力的人，这是必需的。现在，在我看来，已经很难接受扩展的道德条件，而是某种更狭窄的东西，就像我的情况，唯一在朋友与朋友之间能够应用。

　　我寻求的不是他的好感。他想要的不是我给予的，我也试图防止他这样，本性在这里需要的不是大的对抗。但是我循着自己的心迹，在好的时机与这个少年的快乐活泼和可教的天性建立真正亲密的兄弟关系。他理解我，我们成为朋友。依靠这种最纯洁的、我所熟悉的友谊的威望，我尝试可做或可放的一切，并把它们联系起来。但是，与人的思考和行为联系起来的任何权威，迟早会造成很大的不便，我逐步大胆地加上他由自己的和我的意愿所做和所不做的一切，我相信，假如他在这方面理解我，那他就能很好地理解，什么不应该做。

我为实现自己的目的所用的方法在或远或近的关系上基于此。我就不用细节让您厌烦了。我怀着对您深深的敬重成长，也怀着这种敬重常常使自己坚强或受辱，这种敬重我现在对我的小家伙的教育中是不能听之任之的，我不让自己对此有过多废话了。

这种敬重将愈益深厚，对您的善良，我常常在回顾中充满谢意地感受我所受的恩惠。

我惊奇封·卡尔布夫人精神上的罕见能量，我希望，这也能有助于我的精神力量，并且更多的一切都有助于我更快乐地工作。但愿我能实现这位高贵夫人母亲的希望！

她在这里已经一周。她委托我向您致以敬意，有关保险合同，下次再写。

她对我说过，我可能有几个月的时间在您身边。对我曾经放弃的，我有深深的感受。我从未因为自己的过错失去这么多。请您让我有自己的信念，高贵的伟人！在您身边对我会有神奇的作用。为什么我一定要这么可怜兮兮，对精神的财富这么兴致勃勃。我永远不会快乐。正因为我必须为，所以我为。我要成为一个人物。有时间您把关注的目光垂向我！人的美好意愿不会无果而终。

　　我使用了我的自由权，在信里附上了一页纸[1]，其是否毫无价值，在我的眼睛里还是不能确定的，我以自己明显的破产作为担保劳您大驾，但对它的估价也不足于让我摆脱某种恐惧的心境，我正是在这种心境中写下的。

　　若您垂青这一页纸，让它在您的《塔利亚》上发表，我期望，我青春的这份遗骨也得到些许荣耀。

　　我以最真诚的敬仰

　　　　　　　　　　　　您的

　　　　　　　　　　　　　最谦恭的敬仰者

　　　　　　　　　　　　　　　　荷尔德林硕士

---

1. 写有荷尔德林的诗《命运》的纸页。

# 假如这种高贵的精神
# 仍然在我们中间保留几十年多好

致诺伊菲尔 　　　　　　　　　　　（瓦尔特斯豪森，1794 年 4 月中）

　　这儿，亲爱的兄弟！你有了春天的和友谊的孩子，给你的泽尔玛的那首小诗。这样的父亲和这样的母亲当然应该有一个阿多尼斯，就像比格尔的高歌[1]，制造了这么一个可怜的淘气鬼。如果在那首小诗里仅有一点点他的父亲和他的母亲的痕迹可见，我也就满意了。

　　我非常好奇，想要再一次读点你的什么。——席勒真的病了吗？那个消息让我非常悲伤。我那首写命运的诗可能这个夏天要在《塔利亚》[2]上发表。我现在可是一点也经受不起。无论如何现在我的眼前只有我的小说。我已下定决心，与艺术一刀两断，即使最终我以被人嘲笑收场。无论如何我现在如此决绝地从抽象的领域里返回，在那里，我已经把自己整个儿遗失。我现在仅在饥寒交迫的心情中阅读。我最后的阅读是席勒论妩媚与庄重的论文[3]。我

---

1. 比格尔的高歌（Bürgers hohes Lied），比格尔把自己的诗比作希腊神话中的美男子阿多尼斯："啊，你终为我而出生，／美人，一个精神的阿多尼斯！"（Ah, nun bist du mir geboren, ／ Schön, ein geistiger Adon!）
2. 《塔利亚》（Thalia），席勒主编的文学期刊，后改为《新塔利亚》（Neuen Thalia）。
3. 席勒论妩媚与庄重的论文（Schillers Abhandlung über Anmuth und Würde）。

都不记得自己读过什么源自思想的王国以及源自感觉和想象融为一体的王国里的精华。假如这种高贵的精神仍然在我们中间保留几个十年多好！——生活幸福，亲爱的！向我们的斯陶特林一千次地致意！尽可能完美地在你的泽尔玛那里介绍我的小诗，不惹她生气。请尽你的可能把我的想念转告所有好人们。

你的

荷尔德林

你让他给我做鞋的那个鞋匠，现在要我的母亲付钱。我非常抱歉，假如是我的错，没在我出发前把钱寄给他。你一点也不记得了？

# 你的诗歌创作从未这样成果丰硕

诺伊菲尔致荷尔德林[1]　　　　　　　　　（斯图加特，1794 年 6 月 3 日）


　　对你的小说我很渴望。——你致戈特霍尔德的诗[2]得到了我的赞同和喝彩。为那首给我的小诗我衷心地向你致谢。请兑现你的允诺，赐给我一首更大的。泽尔玛将会为那首诗亲自向你致谢。……我的亲爱的，相比在学究式的神职岗位上，你的诗歌创作从未这样成果丰硕。……

---

1. 此信系节选。
2.《致勇气的守护神》。

# 大自然以无可抵御的魅力
# 使我们高贵和坚强

致黑格尔　　　　　（迈农根附近的瓦尔特斯豪森，1794 年 7 月 10 日）

亲爱的兄弟：

　　我肯定，自从我们以口号"神之国"分别以来，你有时会想到我的。有了这个口号，我相信，我们无论怎样蜕变，也会重新识别自己。

　　我肯定，它会随心所欲，与你如影随形，但任何变迁也不会让时间在你心中模糊。我认为，我的情况也是一样。变迁对于我们却是美好，为我们所爱。我们相信，我们友谊的永恒也是如此。我多么希望能经常在你的身边。你过去如此经常地是我的守护神，我为此深深感激你，特别是从我们分开以后，更是如此，我想要向你学习的仍有那么多，有时也有很多自己的要告知你。

　　写信总是仅作为应急之举，但却是有用的，因此我们完全不应当轻视它，所以我们必须时时提醒，我们对各自有很大的权利。

　　我相信，有时候回顾你的世界对你是非常有用的，但我却没有理由羡慕你，对于我，我的状况也一样好。你更多是与你自身在纯粹中，我也是。在你的附近有杂音吵闹，对你是好的；我却需要宁静，也不缺少快乐，它对你没有任何伤害。

　　我多么希望有你那样的湖泊和阿尔卑斯山环绕身边。大自然以无可抵御的魅力使我们高贵和坚强。相反，我却生活在一个从范围和深度上，从精致和优美上，都罕见地不同寻常的精神中。你很难在伯尔尼找到一个封·卡尔布夫人那样的人。假如你在这样的阳光的照耀下，你必定会非常舒适惬意。如果不是因为我们的友谊，不要把你的好运转给我，你肯定会有一点恼怒的。根据我对她说有关你的全部，她几乎就会想到，由于我的盲目快乐，她已经失去了。她已多次催促我给你写信，现在是再一次。

　　封·贝勒普丝曾在伯尔尼，现在是否还在，还有巴格森。如果你有可能，多给我写点他们两个的事。——斯陶特林至今只给我写过一次信，赫斯勒也只有一次。我相信，如果后者不让我们如此蒙羞，我们有很多可做。我总是希望，能很快在那条路上看到他。

　　默克林也在伯尔尼吗？——一千次地向他致以问候。你们可能在一起共度快乐的时光。

　　多给我写写吧，写写你现在想的和做的，亲爱的兄弟！——

　　我的工作现在特别集中。康德和希腊哲学几乎是我唯一的阅读。我尝试首先熟悉批判哲学的美学部分。最近我做了一次翻越伦山去福尔德地区的远足。人们向往瑞士的山区，那耸入云霄的高度，硕果累累的闪光的山谷，山脚下小屋星布，冷杉林阴翳蔽日，羊群遍野，小溪潺潺。福尔德也有真正令人喜爱的地方。山民像别处一样，粗犷且单纯。此外，他们可能有一些好的方面，被我们的文化消灭了。

　　尽快给我写信，亲爱的黑格尔！我绝不能完全没有你的通报。

　　　　　　　　　　　　　你的

　　　　　　　　　　　　　　荷尔德林


　　匆忙中我必须加上几句，我几天前才刚刚收到那页附加的纸。我对希尔德布格豪森的一个法学家的不礼貌非常愤怒，赫斯勒在复活节前后把那些信交给他，他显然是几个星期前才把它们寄往迈农根，我从那里拿到那些信，却不知道发生的事情。因为它们从迈农根来，而我根据昨天收到的赫斯勒的一封信结束了书写，他在那封信里却似乎表达了对我的敏感，因为他事先已经对这件事进行评估。无论怎么说，这件事让我恼火至极，尤其是对自古以来的漫不经心上我对你有太多的了解。无论如何这种漫不经心对我是很糟糕的，我还是给了尊重的词语。对于你的冷静我必须说明，我认识赫斯勒的纹章，它对我的信是安全的。快给我写信。关于赫斯勒的信我尽可能快地给你写。

# 尽管黑暗暴力，也用一支火把写作

致诺伊菲尔 　　　　　　　　　　　　（耶拿，1794 年 11 月）

　　我现在这儿，如你所见，亲爱的兄弟！我有理由为自己感到高兴，但并不太高兴，因为在这儿，我的此在证实了我的信念，我们能够很容易地实施什么，只要我们不把目标当成负担，而是用自己的脚去走，如果一块坚硬的小石子硌了脚跟，也不要在意。我清楚地知道，有一个伟大的目标，就要有卓绝的努力，更多劳作更多收获；但在这个世界上，对于大事业，人拥有的仅是小的例子。

　　现在我的头脑里和心里装满了我通过思考和诗歌创作所产生的东西，还装满了从我分内之事延伸出去的东西，后者当然不是单一的。接近真正伟大的人，接近真正伟大的自觉的勇敢者，交替地把我击倒，也把我托举，我必须把自己从昏昏沉沉和瞌睡懵懂中拯救出来，那半是成长、半是死亡的力量既柔弱又暴力地唤醒和构建，假如我最终不得不在心灰意冷中避难，与别的乳臭未干和羸弱之辈为伍以自慰，世界该怎么样就怎么样吧，真理与权利的起起伏伏，艺术的繁荣与衰落，乃至人作为人所感兴趣的万物的生生死死，人默不作声，在他的角落里注视着一切，假如它高调而来，就以它负面的德行对抗人类的要求。坟墓也比这种状况可爱！在我的眼前，除此常常几乎没有别的。亲爱的贴心的老朋友！在这样的时刻我常常想念你在身边，你的安慰，以及你的坚强的鲜明的榜样。我知道，勇气有时也离你而去，我知道，那是心灵的普遍的命运，它常常比兽性的需求更盛。仅仅在程度上有所不同。我今天偶然在维兰特全集的初步报告中看到的一个地方，让我心如火烧。它称：维兰特的缪斯以德国诗歌艺术的发端为开始，以她的衰落为结束！可爱至极！承认我是一个傻瓜！但这会让我倒霉一个星期。你也这样吧！假如必须这样，那就中断我们弦乐的演奏，做艺术家们梦想之事。这是我的安慰，也是这里现在梦想的。费希特现在是耶拿的灵魂。上帝保佑，他也名副其实。一个具有如此精神深度和能量的人，我至今还不认识。在人类知识的最偏僻的领域，人类知识的准则，并运用这些准则去探索和确定其规律，用心灵的同样的力量去思考出自这些准则的最偏僻的艺术后果，并且尽管黑暗的暴力，仍然写作并且复述它们，用一支火把和一个确定性，假如没有这个榜样，这两者的结合对于我似乎是一个无法解决的问题，——亲爱的诺伊菲尔！这肯定是很多的，这肯定是太多这个人物未说过的。我每天听他的课，偶尔说到他。我有几次在席勒那里，第一次并没有带着快乐。我走进去，受到友好的问候，没注意到背景上有一个陌生人，他脸上没有表情，此后很长时间也没有发出什么特别的声音。席勒对他称呼我，也向我称呼他，可是我没听懂他的姓名。我冷冰冰地，几乎没向他看一眼跟他打招呼，唯跟着席勒里里外外地忙活；那个陌生人很长时间没说话。席勒拿来了《塔利亚》并给了我，那上面刊印了我的《许佩里翁》的片段和我的诗《命运》。因为席勒在这一刻离开了，那个陌生人从桌上拿起杂志，我站在旁边，他在我旁边翻阅着那个片段，没有说话。我感觉到，我的脸色越来越红了，假如我知道，就像现在我知道的，我一定面如死灰。他转身对着我，询问封·卡尔布夫人的情况，问到那个地方及我们村庄的邻近地区，我回答所有那些问题都极其简短，仿佛我很不习惯回答。但是我终于有了我的不幸时刻。席勒又进来了，我们谈到了魏玛的剧院，这位陌生人吐出几句话，重量大得足以让我受到某种惩罚。但我未受惩罚。魏玛的画家玛耶尔也来了，这位陌生人与他交谈了一些话题。但我未受惩罚，我走了并在同一天去了教授俱乐部。你认为如何呢？这天中午歌德一直在席勒那里。天助我，弥补了我的不幸，还有我的蠢笨的举止。后来我在席勒那里用了晚餐，这给予了我这么多可能的安慰，通过他的热情高涨，还有他的健谈，显现出他完整的庞大的精神力量，我第一次遭遇的灾祸，就忘掉吧。我有时也在尼特哈默尔那里。下一次从耶拿要写得更多。快点给我写信啊，亲爱的兄弟！

你的

荷尔德林

我的地址：福格蒂花园——收

# 诗刊上留的空白

席勒致荷尔德林 （耶拿，1794 年和 1795 年之交）

　　您最近跟我说有一件小作品[1]，您可能已经完成，想给我看看。我这几天完成了最后一期的《塔利亚》，其中有几页仍有空间，假如您不感到什么不适当的话，就把这些空间填补上。但是时间必须是明天或者后天，因为本周这一期将结束。

席

---

1. 显然是指荷尔德林的赞美诗《致勇气的守护神》。

# 我们生活中最美好的享受
# 是在这么多伟人身边发现了这么多人性

致黑格尔 （耶拿，1795 年 1 月 26 日）

　　在我第二次到耶拿时，你的信受到热烈欢迎。在快到十二月底时，我与封·卡尔布少校夫人和我的学生一起去了魏玛，没想到这么快就返回来，此前我与我的学生在这儿待了两个月。那特殊的环境给我造成的种种苦难，都是我的那个小家伙弄出来，也是我的教育事业所必定要经受的，我的虚弱的身体，使我至少需要有一段时间独自生活，在这里居住之后这种需要增强了，我从耶拿出发之前就已经决定，向少校夫人表明，我要脱离这种关系。我被她和席勒说服，再做一次尝试，可是这种玩笑忍受了不超过两周，因为它让我付出的几乎是全部夜间的宁静，而现在平平静静地返回耶拿，我在生活中第一次彻底地享受了一种独立，但愿它再也不是一无所成了。我的创作活动现在几乎完全是集中于为我的小说重建材料 [1]。《塔利亚》上发表的片段是一团粗糙的东西。我想到复活节时能把它完成，在此期间我要对它守口如瓶。你可能还记得我的《致勇气的守护神》，我已经做了修改，并与别

---

1. 荷尔德林的小说《许佩里翁或希腊的隐士》，原设想到复活节完成材料的重整，实际上用时更多。

的一些诗给了《塔利亚》。席勒对我很关心，让我高兴的是，作为稿件给他的新期刊《时序》，也给他将来的《缪斯年鉴》。

我跟歌德说了话，兄弟！我们生活中最美好的享受是在这么多伟人身边发现了这么多人性。他和我的交谈这么温和友好，我真的从心里都在笑，更让我笑的是，我想到此。赫尔德也很真诚，抓住我的手，但是展示的更多是善交际者；说话常用这么多比喻，似乎你跟他很熟；我还会到他那里去很多次；封·卡尔布少校显然也要待在魏玛（也正因为此，那个小家伙从不需要我了，我的离开也就可以加快），而我与少校夫人在其中的友谊，让我以后可以常去拜访这个家。

费希特的思辨的讲稿[1]——全部科学学说的基础——还有他已刊印的关于学者使命的讲座，你会很感兴趣。一开始我怀疑他是非常教条主义[2]的；如果我假设曾经真的站在或仍站在一个十字路口——他倒想要越过意识的事实[3]进入理论，他的很多表达都表明，那是如此肯定，甚至更加鲜明的超验[4]，似乎迄今的形而上学家

---

1. 费希特的思辨的讲稿（Fichtes spekulaitve Blätter），"思辨"的概念在那个时代的哲学术语中被归入理论的（相对于实践的）哲学；在更狭义的、绝对强调的意义上，它描述了一种理论哲学的非经验部分或方法，无论是知识还是自然。费希特最初系统地起草他的科学学说是从 1794 年 6 月 14 日开始，至 1794 年米迦勒节（秋季博览会），他分三部分的著作有两部分呈交，包括《全部科学学说之原理》和《理论知识的基础》。荷尔德林在瓦尔特斯豪森时可能经封·卡尔布夫人已知晓这两部分。

2. 教条主义（Dogmatismus），根据康德的《纯粹理性批判》，"形而上学的教条主义"包含着"偏见，它们没有纯粹理性的批判也能应付"，也就是说，不设定知识的界限，而回应经验的可能性之诸条件。教条主义估量事物的知识，如同它估量自身。

3. 意识的事实（Factum des Bewußtseins），荷尔德林在此利用了莱因霍尔德的术语，莱因霍尔德的基础哲学（Elementarphilosophie）在 18 世纪 90 年代伊始很有影响力，他试图系统地重建康德的批判大厦，他的"最绝对的原理"，所谓的"意识的原理"，理念的主体和客体及它们在意识中的统一，应加以区分，"意识的事实"即由此而出。

4. 超验（transcendent），超越了经验的可能性之诸条件。

们都想要超越世界的此在——他的绝对自我（= 斯宾诺莎的本体）[1]
包含了所有的事实；它就是一切，而在它之外是无；因此它给予
这种绝对。自我无客体，因为非此在他之中没有一切事实；但是，
一种意识无客体[2]是不可思议的，如果自我是这个对象自身，那自
我即作为此种必要性所限，也就是它只应在时间中存在，因此并
非绝对；因此，在绝对的自我中无意识是不可思议的，作为绝对
的自我，我无意识，假如我无意识，假如我（于我）是无[3]，那么，
绝对自我（于我）是无。

　　这是我仍在瓦尔特斯豪森读了他的第一批讲稿，紧接着阅读
斯宾诺莎之后，把我的想法写下来；费希特向我证实

　　（本页以下的四分之一缺失——编者注）


　　他对自我和非我（按照他的语言）的交替规定的讨论是值得
注意的；他关于追求的观念[4]等亦如此。我必须停笔了，我必须请
求你，所有这些最好权当没写。你在宗教概念上深入钻研，从很

---

1.（= 斯宾诺莎的本体）（=Spinosa's Substanz），根据斯宾诺莎《伦理学》的定义，本体
（Substanz）在自身内并由自身所认识（第一部分定义3）。因此，它不能成为一种陌生知识的
客体；它必须在自身内，如费希特的绝对自我，包含一切现实和现实的一切知识。

2. 意识无客体（Bewußtsein ohne Objekt），荷尔德林在《雅各比论斯宾诺莎学说的书信集》中
提到"因为意志和理智没有一个对象不会发生。"（Denn der Wille und der Vertand findet ohne
einen Gegenstand nicht statt.）

3.（于我）是无 [ ist（für mich）Nichts ]，根据表述的逻辑，括号内应该是 (für sich)（于自身），
如沃尔夫冈·宾得尔所言。但也可把荷尔德林的这个书写错误看作对费希特思想的非故意评
价。

4. 追求的观念（Idee des Strebens），荷尔德林在1795年4月13日给弟弟卡尔的信中引用
了费希特的话，"在人的内心有一种对无限的追求，这种活动让他几乎不能永久地受到限
制，几乎不能停息；"（Es ist im Menschen ein Streben ins Unendliche, eine Tätigkeit, die ihm
schlechterdings keine Schranke als immerwährend, schlechterdings keinen Stillstand möglich werdn
läßt；）

多方面肯定是好的和重要的。你对天命概念的处理完全比肩康德的目的论[1]；他把自然机械论[2]与目的论统一的方式，依我看完全包含了他的体系的全部精神；当然，他也以此种方式调解所有二律背反[3]。我为人民教育的理想已经考虑很长时间了，因为你现在正在研究它在宗教中的一部分，我可能选用你的画像和你的友谊作为外在感性世界的思想导师[4]，把我以后可能要写的东西，找个好时间，写在信里给你，你要进行评判和指正。

（以下缺失）

---

1. 康德的目的论（Kants Telelogie），参见康德《判断力批判》。
2. 机械论（Mechanismus），因果关系不针对一个目标。
3. 二律背反（Antinomien），康德了解纯粹理性法则的诸多冲突，他随后在《纯粹理性批判》中一一加以化解。
4. 导师（conductor），隐喻电导体。

# 我发现你完全在你的作品中，
# 在你的情感和你的生活准则中

诺伊菲尔致荷尔德林　　　　　　　　（斯图加特，1795 年 1 月 26 日）


我已在《塔利亚》上拜读了你的《许佩里翁》，亲爱的荷尔德林！那对于我，就像你现在我的面前。我发现你完全在你的作品中，在你的情感和你的生活准则中。

# 我们愿以任性坚持下去

致诺伊菲尔 （耶拿，1795 年 4 月 28 日）

亲爱的兄弟：

我总是盼望有一个真正好的时刻，我再一次给你讲讲我和所有那些让我运动起来的机遇。但是我相信，我必须把这个快乐往后保留到我们再次见面的时候。我本来早就写了，如果不是一次满足的旅行打破我快乐的单调生活的话。我直到冬天结束一直不那么健康，因为缺乏运动，可能也因为我受不了人们在耶拿发现的玉液琼浆和美味佳肴；我用一次散步来帮助自己，我经过哈勒去往德绍，又从那里越过莱比锡返回。我不能用旅途见闻让你烦恼，我对它的本质根本不能承受，显然因为我为此没有得到受益，总的印象我还算满意，也想到，有些东西让我吃惊，但我走马观花而过，要做评判，实在也是很棘手的。尤其是我们不能信任一个在上帝赋予的所有日子透过另一副眼镜看的人，这个不知从何而来的人，被戴上那副眼镜。在海登莱希和戈兴那里我是很满意的。海登莱希似乎是一个特别精明的人，并且历经世事，见识广博。戈兴在他的情况下，在一种少见的理解和风趣的文化中，仍然格外保留了一种更加罕见的真诚和毫无偏见的品格。

现在我享受春天。我住在一个花园房子里，在一座山上，高居于城市之上，我在那里俯瞰风光旖旎的萨勒河谷。它就像我们蒂宾根的内卡河谷，不过耶拿的山更大，更妙不可言。我几乎不到人群中去，我仍然总是往席勒那里走，常常在那里碰到歌德，他在那里已经住了很长时间。席勒让我代致问候，并请你给他的《年鉴》几首诗。你只需把它们寄给我就行。我高兴得不得了，你自己也可以感觉到，你的上一封信让前面提到的那位羞得脸红；我把海英给你的快乐[1]当作他给予我的——我们愿以任性坚持下去，不对吗，亲爱的？我们可能会让人不经过世界的重重苦难就把我们从自然指给我们的道路上驱逐。现在我懂得了，你是如何喜欢翻译。席勒已经指示我为他的《年鉴》翻译奥维德的八节诗行的《四轮马车》[2]，我从未以这样的欣喜扔下工作离开，就像这一次。人不会像面对自己的作品时那样激动，但诗体的音乐性却让人完全投入，而不记得一种工作同样具有的诱惑力。——蒂宾根的科塔为我的小说的第一卷支付了 100 个弗洛林[3]。我不想要求更多了，以免显得自己斤斤计较。席勒费心帮我出版。你可不要对这个小作品吵吵嚷嚷[4]！我把它写出

---

1. 海英（Heyne）看到诺伊菲尔的《埃涅阿斯纪》的译文，对他献身古典文学和选择研究的人生道路表示敬意。海英（C.G.Heyne, 1729—1812），德国古典哲学教授，现代古文化学的奠基人。

2. 奥维德的《四轮马车》（Ovids Phaëton），荷尔德林应席勒的要求翻译古罗马诗人奥维德的诗《四轮马车》，并于 1795 年 7 月 23 日将译稿的誊清稿（未保存）寄给席勒，并附信说："对于我附上的稿件，我常常十分苦恼，它是在您的直接推动下做的，不应该做得更好了。"最终，在 1796 年 3 月致诺伊菲尔的信中，讲到 1 月出版的《缪斯年鉴》，"席勒并未接受《四轮马车》，因此他对此没有权利，他本来可以做得更好，假如他完全没有用那些愚蠢的问题折磨我的话……"

3. 在席勒的帮助下，科塔出版社接受了荷尔德林的小说《许佩里翁》第一卷手稿，并于 1795年 8 月支付给荷尔德林 11 个盾作为首付版税。

4. 你可不要……吵吵嚷嚷（Scandalisiere Dich ja nicht），原意是"你可不要……反感"。荷尔德林在同年 5 月 22 日写给母亲的信中说，"……我对我的作品的效果还不能做出判断。"这说明荷尔德林对已交付出版社的《许佩里翁的青年时代》的体裁已不再满意。

来，因为它一旦开始，聊胜于无，并希望能很快用另外的什么还清自己的欠账，以此安慰自己。

这个夏天我至少要完全安静并且独立生活。可是人怎么啦！总是缺少什么，我也缺啊——而你呢，可能也是一个存在，就像你的小玫瑰[1]。尤其是——我不应有任何爱，就像在梦中。我的情况迄今不就是这样吗？自从我睁眼能看，我就再也不爱。那不是说，我要和老朋友们挥别——偶尔的吧！你想要再给我写写勒布莱特，你就写吧！——但是对比你的爱和她的快乐和痛苦并且同情我！你的善良的高贵的少女康复了吗？你们必定共享着最美好的日子。在人间唯一能找到的幸福，就是爱，人在爱中尊重自己并经过考验。我相信，如果我们再次在一起，你再对我讲你的小玫瑰直到半夜，你会发现我更虔诚、更有同情心了。

上帝护佑她和你，成全你们如此！——你过得怎么样，亲爱的兄弟？我们说说各自的事情，很少拖泥带水。但我相信，写信也全都是这样。下个秋天我一定会来，只不过仅有几天。跟你和我亲爱的家庭一起，我将再次得到温暖。——亲爱的兄弟！我想要把一切都给你写上，可是一种心绪已经进入了我，我今天很难再出来了。我只想再说一遍，我的心也会变得很软的。下次多写！

你的

荷尔德林

---

1. 小玫瑰（Röschen），荷尔德林并不知道，就在他写信的三天前，诺伊菲尔的女友罗西娜·斯陶特林（小玫瑰）因患肺结核于 1795 年 4 月 25 日去世。

# 在一个精神的影响下，
# 人能够感到非常快乐

致席勒　　　　　　　　　（斯图加特附近的纽尔廷根，1795 年 7 月 23 日）

　　我很清楚，我不能从您的身边远离而不对自己内心造成明显的创伤。我觉得现在一天比一天更有精力。

　　在一个精神的影响下，人能够感到非常快乐，这是不同寻常的，即使这种影响不是通过口头表述起作用，而是通过靠近，人与他每远离一英里，快乐必定每况愈下。假如这种靠近不如此经常地让我不安，我即使用尽围绕我的所有动力也不能迫使自己离开。我总是想方设法见到您，见到您，我仅仅为了感觉，对于您，我什么也不是。我看得出，我需要明智地把这种与我形影不离的痛苦作为我自豪的要求的代价；因为对于您，我想要如此之多，但我必须说，我对于您也许是无。但是我自己清楚地意识到，我所想要的，却是为了温柔地指责自己。假如这是为了满足一种虚荣心，乞求一个曾经被公认的伟人给予一个友好的目光，用受之有愧的恩赐安慰自己遭人冷漠的赤贫的心灵，如果他对这种渺小的愿望并不在意，我的心被降格到一种如此侮辱性的宫廷杂役，那我当然会深深地鄙视。但我高兴的是，我能如此肯定地对自己说，我所尊重的那个精神的价值远远超出我的估量，在一些美好的时刻能真切地感受到，而我要成为他的更多的努力，从根本上无非是正直的愿望，即善良和美丽和真理，不论它们是否能实现，是要与他个人靠近，人非常不愿在这方面成为法官，无论是人的，还是自然的。

我向您致以歉意，是郑重的。我努力在我的意识中把这种亲近与所有的一切区分开来，它们可能会因为一种明显的相似性而让它受辱，因为这种亲近事实上对我是神圣的，那么为什么我没有在您面前谈论我对它的感受，它不是属于您的吗？几个月来，直到一年来，我都想去您那里。我努力把从您那里拿的东西悉心地保存在家并且增值。我生活很孤单并相信，那对我是有益的。我附上我的朋友诺伊菲尔的几首诗。他希望，他把事情处理完，将尽快抽出空来款待您及另一个。

请您允许我也再寄上几首诗。

对于我附上的[1]，常常使我心情忧郁，那个第一首是在您的直接推动下放在前面的，不可能做得更好了。

我以永远的尊重

您的

崇敬者

荷尔德林硕士

---

1. 很可能指荷尔德林应席勒之约，翻译奥维德的诗《四轮马车》。

# 讲道理是人们必须遵循的第一法则

致约翰·戈特弗里德·埃贝尔[1]　　　　　　（纽尔廷根，1795 年 9 月 2 日）

我尊敬的朋友：

您善意的来信给我带来巨大的快乐。与知晓我的需要，分享我的信念的人生活在一起，那种快乐对于我，每一天都是值得珍惜的；那个让我相信，他在我内心发现了他的存在的一部分的人，我应致以更多的谢意。

您善意地垂询我的旅行的情况，它对于我，极大部分是快乐惬意的，因为它极大部分是对您在几个美好的时刻告知我之事的回应。

我应当对您说，我在与您的交往中所期望的那些美好日子，是很不容易在别的地方找到的，我也无以期待符合我内心的别的可能的条件，从内心，我想要感谢把您的友谊和我的良好愿望联结在一起的难得的人[2]。您也看到，我有充分的理由维护自己的自由。——严酷的、失败的努力可能会决定我不这样轻易地处理教育，假如我不相信，仅仅反省自身可能是不允许的和不适当的，

---

1. 约翰·戈特弗里德·埃贝尔（Johann Gottfried Ebel），荷尔德林到龚塔尔特家担任家庭教师的介绍人，荷尔德林显然是通过辛克莱认识了他。
2. 荷尔德林将要去担任家庭教师的龚塔尔特家庭。

而在我们现在的世界上，私人教育也许仍然是唯一的避难所，人们带着自己的愿望和培养人的努力逃向它。在我从前的种种情况下[1]，人和自然就这样强烈地抵抗着我。

您不要因此担心，我尊贵的朋友！我期待自己或那个孩子出现奇迹！我非常清楚，在教育中，每一种方式都有多少各自的不便，我多么经常地按部就班实施，以期待自己出现奇迹。我十分了解，自然仅按阶段发展，它已经把力量的度和内容分配给个人，期待那个孩子出现奇迹。——我相信，急于求成的焦躁，常常是让最优秀的人失败的暗礁。在教育中也同样。人们如此喜欢在六天里让自己的创造性工作一蹴而就；儿童会满足于聆听和理解理性的东西，他其实并不需要理性！但却让走在正确道路上的教育者变得专断和不讲道理，因为他们不能抵达目标，这让教育者和学生同样痛苦。

我肯定，这里跟所有地方一样，讲道理是人们必须遵循的第一法则，我非常倾向于相信，这里跟别处一样，一种循序渐进至最微小细节的合理也是最明智的。

因此，我不会过早地对我的学生采用一种（从最严格的意义上说）理性的方法，直至他具有理性，直至他从高度的和最高的需求上具有意识和感觉。但是，如果我不过早对他采用理性的方法，直到他具有理性，那我也就绝不要求他，在他给予我权利，把他作为一个理性的存在对待。因为，我对他所要求的，将是从理性出发的要求，或者如人们所称谓和展示的，以最高准则为行

---

1. 指荷尔德林在封·卡尔布家任家庭教师的情况。

为指南。（因为您会和我一样假设，当对一个孩子提出某些要求时，人理性明智地提醒的处理原则，不是看它在任何一个哲学体系中如何阐述，而是看那个孩子本人因他的年龄和个性而如何表现。）

卢梭是对的：教育第一的和最重要的是，让一个孩子能够成长。[1]

我必须把那个孩子从天真无邪的但是受限于本能的状态，从自然状态中引导到融入文化的道路上，我必须让他的人性，他的更高的需求觉醒，把工具交到手上，他必定会想办法用工具满足自己的更高的需求，一旦他内心更高的需求被唤醒，那样我才能并且必须要求他，这个需求必须永远保持生气勃勃，必须永远致力于自己的满足。但这样一来，卢梭又不对了，因为他要对他静静地等待，直至人性在童年的心中觉醒，这样就满足于一种消极的教育，仅仅遮掩了坏的印象，而没有去思考好的。对那些想用红色，而不是用火焰把儿童从快乐的动物性状态中驱赶出来的人，卢梭觉得不正义，如果我从另一角度理解他，那是对立的极端。如果那个孩子被与当今世界不同的另一种世界围绕，那么卢梭的方法将是适宜的。我必定会用另一个更好的、不会强迫他的世界围绕他，没有自然迎合他的所有傲慢，我必须把他引向那些足够巨大和美好的对象，他的更高的需求，即向着某种更好的努力的需求，或者，假如人们将他心中的理性唤醒。我相信，这个孩子的世界将是一个更好的时代的故事，如果用选择和展示来对

---

1. 此处引用的是卢梭在《新太阳神》（La Nouvelle Héloïse）中的一句话，原文是法文：la premiere et plus importante education est, de rendre un enfant propre à être élevé.

待它，就像是为这个孩子及其个性量身定做的一样，那么，我面前将有一个生动细节讲述的罗马故事，以李维和普鲁塔克为例。但是我绝不会问那个孩子，我讲的你都记住了吗，因为那完全不是围绕着故事的，而是围绕对他心灵的作用的，只要孩子把故事当作一件工具存入记忆，或者也作为理解的练习，那么，这种刻意而为的功用就省略了。

但是因为我在这一阶段，就像我说的，不想对我的学生提出要求，但有必要教他一门他以后不喜欢听的课，所以我必须利用他已有的并且为此目的已足够的欲望，就像模仿的欲望，新奇的欲望。我相信，这对一个儿童是不容易的，他想不到有什么东西可能藏在他的山背后。通常情况是，地理是行不通的，那么，死板的纸上的地理也一样；如果用精心绘制的卡片讲述旅行的故事，那么我相信，没有要求和压力，也能向孩子传授这门课程。如果这孩子每天都能感觉到，算数是一门有用的忙碌的重要组成部分，那么他也会乐意天天有进步，我承认，我对专门课程做了很多考虑，对于这个学生，数学相比其他，总的来说更多是一张有严格次序的图片。儿童要系统学习一门语言，必须十分慎重地对待，在他能够自由地选择学习的目标之前就学习语言，那么，强迫和不合理的要求将不可轻易避免。但是，人可以用交谈的方式让一门语言课程变得特别亲密。首先用法语就完全会是这样的情况。——强迫我仅仅用于下列情况，维护他的完全的理性权利，想要对自己或他人使用不允许的暴力。

我不想用这样的表达让您感到烦恼，假如我不是出于十分必要，首先让您和您的高贵的朋友知晓我的思考方式。然而出于这个想法我说得实在很少。语言很少表达心愿。但是请允许我对您说，我如何希望，我能像那高贵的父母那样，纯洁和真诚地喜欢他们的孩子。论能力我吟诵也不曾缺少，如果我一天能赢得几个小时安安静静地做我自己的必需的事业。在这个曾经接受了我的有教养的社会里，我要让我的学生快乐和强壮。

假如您希望给别的家庭寻觅一位教育者，我希望学会向您推荐一位年轻的学者[1]，他现在居住在瑞士，在这方面几乎就是我的理想，所以我就想到给您介绍。——劳驾您向您的值得尊敬的朋友致以敬意。

以真诚的尊重

您的

朋友

荷尔德林硕士

---

1. 一位年轻的学者（einen jungen Gelehrten），指黑格尔，此时他在瑞士伯尔尼当家庭教师。

# 他们给予，而没有索取

致席勒　　　　　　　　　（斯图加特附近的纽尔廷根，1795 年 9 月 4 日）


尊敬的枢密官先生！请您谅解，您给予恩准的我的稿件[1]，这么迟缓和寒酸地呈交给您。我本想早点寄出，但不适和烦恼拖延了我。假如我再过几天寄给您，您也许不会生气。我是属于您的，至少是作为无主之物[2]；当然还有我带来的苦涩的果实。

对我自己的不满及围绕着我的那些把我卷进了抽象之中；我寻求开发一种无限进步的哲学观念，我试图表明，必须对每一个系统提出不折不扣的要求，即主体和客体统一到一种绝对的——我或者也像别人这样称呼它——尽管是美学上的，一种知识的观念中，理论上只能通过无限的接近才能实现，如同一个正方形无限接近于圆，并且，为了实现一种思想体系，一种不朽是如此必要，就像它对于一种行动的体系一样。我相信，这样即可以证明，在多大程度上怀疑论者是对的，多大程度上不对。

我现在常常像一个流放者，当我回忆起那些时光，您告知我，不要对那些模糊的或者毛糙的镜子感到愤怒，从那里面您常

---

1. 显然是荷尔德林的诗《致青春之神》和《致大自然》，这后一首经威廉·封·洪堡评审后，席勒未用于《缪斯年鉴》。荷尔德林 1796 年 3 月在给诺伊费尔的信中说，"但是那首致大自然的诗他没有接受，他这样做，依我看是不对的"。
2. 无主之物，原文是拉丁文：res nullius，系罗马法的法律用语。

常认不出您自己的表达。

我相信，这是稀有的人拥有的财富，他们可以给予，而没有索取，他们自己能够"自冰雪取暖"[1]。

我常常觉得，我绝不是一个稀有的人。我在围绕着我的冬天被冻僵，我的天空如铁一般坚硬，而我自己，如石头。

在10月的时候我将去法兰克福就任一个家庭教师职位。

我可能将要为我的废话向您致以歉意，我多多少少有责任为您着想，但是这样我的心会拒绝。现在我唯一的自豪，我唯一的安慰，是我可以向您说些什么，可以向您说些我的什么。

永远是

您的

尊崇者

荷尔德林

---

1. 自冰雪取暖（am Eise wärmen），引自歌德的小说《威廉·迈斯特的学徒生涯》第二卷。

# 我们飞驰如年轻的骏马

致诺伊菲尔　　　　　　　　　　　（纽尔廷根，1795 年 10 月）

　　你让我感到羞愧，亲爱的！我期待一个有关我懒惰的证明，我一如既往地极少谈到写信，并且这证明了你对我的同情，你常常想着我，让我喜欢。

　　你告知我的那种关系[1]，我远远超出了我所希望的那种考虑。我将要在他们之中生活的人，我将会找到的那些工作，肯定是对我有益的。

　　我离这个职位还有多远，与我对教育所能思考和能做的有关，所以，在我了解了这个教育的细节，这个小孩子喜欢什么，然后才能决定。

　　你能不能先问一下，为什么这件事的细节能这么长时间拖延，直到我做出询问，才从法兰克福得到答复。那是我不得不做的，你会从附信中看到。

　　我要看看，能不能尽快地从我这里发出确定的消息。我必须承认，我可能不会不听天由命地放弃这个美好的希望。

　　这个关系，这个决定了我的关系，这个建议[2]，这个今年夏天

---

1. 很可能是到诺伊菲尔的朋友、斯特洛林教授家的家庭教师，在信的结尾，荷尔德林要诺伊菲尔代向斯特洛林教授致以问候。

2. 建议（Anerbieten），可能是在蒂宾根神学院的备考教师职位。

在斯图加特向我提出的建议，要拒绝，这个奇怪的关系，你知道的，这一次让我完全沉默。我上一封肯定非常真诚的信，是我往蒂宾根写的，那封信中我还没有答复，那是我出发去低地前几天写下的。我呀，如果有一个善良的上帝解救我的心！

你过得还好吗，亲爱的兄弟！我常常在静默中祝愿你安宁和活跃，由此你可以蒸蒸日上。

你在《时序》上读过席勒的诗 [1] 了吗？写信告诉你对此做的全面的评判。你不用珍惜我。我说的是醉酒，仍然没有评论。在我看来那就是美味的事儿，它是不由自主的感觉，是人与艺术对象所经验的，随后就探讨和证明，或者偶尔地声明和放弃。

用我的推理的赞成和反对 [2]，我相信在越来越近地走向目标。

我尽可能好地利用我的快乐闲散的生活。——我们飞驰如年轻的骏马。如同我们共同开始我们的道路，我们飞翔，或者我们相信，要去飞翔，而现在常常几乎非常需要使用马刺和鞭子。当然我们也如此饥渴地要喂草料。——但是我们希望那是最好的。

生活幸福，亲爱的！尽快给我写信。我能不能请求你，代向斯特洛林教授先生致意？

你的

荷尔德林

---

1. 席勒的诗，指发表在他自己主编的《时序》杂志 9 月号上的《阴影帝国》（Das Reich der Schatten），后改为《理想和生活》（Das Ideal und das Leben）。

2. 推理的赞成和反对（spekulatives pro und contra），可能与荷尔德林的"主体与客体的统一"思想有关，在前一封致席勒的信中谈到，在 1796 年 2 月 24 日致尼特哈默尔的信中提到"主体与客体，我们自身与世界，以及理性和上帝的启示之间的冲突"。

# 众精灵总要到处互相通报，
# 只要那里有生命的气息在飘动

致约翰·戈特弗里德·埃贝尔 　　　　　　（纽尔廷根，1795 年 11 月 9 日）

我的尊敬的朋友：

　　我把向您告知消息的事推迟了一星期又一星期。假如我要写出真实情况，我必须给您说说那种尴尬，我在其中观望并且没有冒失的阴影，那可能实在不会发生。因为我最终被那种急迫催促，我用您善意的要求安慰自己，如果我不得不允许我的状况发生改变，就将它告知您。您实在不知道，我们符腾堡的神职人员多么依赖教会监理会；此外，这些先生还要安排我们的居留。因为我现在没有担任任何公共的服务，那么，作为下一个，特别是因为圣诞假期正在临近，我必须等待被送到一个牧师那里，做他的助手，假如我在此期间没有或者直接按照这个期限缔结另外一个合法的关系。现在，就在不久前，我又得到一个在斯图加特担任教师的职位；您可以自己评判一下，假如我拒绝放弃那个希望，我将付出的有多么大，对此您为我主持公道。

　　我承认，假如我不是听天由命，就不会向您坦承这些。希望我不久能与您和您尊贵的朋友们在一起，希望我至少能准确了解此事，这对我是如此巨大的尝试，到处都向朋友显示我的不耐烦，完全违背我的心意，他有权利对他的选择犹豫不决，不仅如此，假定情况在这里可能是，他向我提出更多别的、更重要的考虑。

我郑重地请求您，尊贵的朋友，您在此期间信任我，直到您可能确认。假如您能给予我一点安慰，立刻就让我兴高采烈！

见不到我的辛克莱，让我非常痛苦。您将会对我完全信任，这个人所拥有的如此早熟的心智，不仅如此，还有如此不可收买的纯洁的心灵，实在是我们这个世界的稀有财富。

重新找到我内心的养料，对于我是多么好的获取。这里论土地绝非贫瘠之地，但是尚未开垦，乱石堆积，压迫着它，甚至也阻碍了天空的恩赐，所以我多数时间只能在飞廉和雏菊丛中游荡。

您生活幸福！请您代我向那个尊贵的、可能接受我的家庭致以问候。

如果我不能很快见到您的话，您能不能善意地把您最近的文学作品和精神关注参与的其他作品告知我。假如我除了证明我已经理解了您，别的什么也不会回复您，那也不会是白费。您知道，众精灵总要到处互相通报，只要那里有生命的气息在飘动，总要与不应当被排斥的一切合为一体，通过这种联合，通过这种不可见的[1]搏斗中的教堂，巨大的时间之子，所有日子之日子，就会现身，我的心灵之人（一个使徒，他的现今的追随者对他的理

---

1. 不可见的（unsichtbar），不可见的教堂是相对于制度化的、作为信仰者的理想社区的教堂而言。对于蒂宾根神学院之友，这个概念是共同的参照点；1795 年 1 月末黑格尔写信给谢林："理性和自由仍是我们的口号，而我们统一之点则是不可见的教堂。"荷尔德林于 1794 年 7 月 10 日给黑格尔的信中有口号："神之国度。"（Reich Gottes）

解，与他本人相比，甚少），把他称为主之降临[1]。我必须停笔了，否则，我就停不下来了。

> 您的
>> 真正的朋友
>>> 荷尔德林

如果您同辛克莱说话，向他致以一千次衷心的问候，在此之前我有一封给他的信寄往霍姆堡，但仅仅完成了一半。

---

1. 主之降临（Zukunft des Herrn），见《圣经·帖撒罗尼迦前书 4,15》，原文为："我们这活着还存留到主降临的人，断不能在那已经睡了的人之先。"

# 我根本不必傲慢自负

致黑格尔 　　　　　　　　　　　　（斯图加特，1795年11月25日）


　　你对我不公平，亲爱的！如果你把我的沉默当成漫不经心；我到现在一直被那个法兰克福人拖延[1]着，据他们的信，是因为战争；我一个星期又一个星期地等待，想给你确切的消息，可是现在还是没有，无论是你的事，还是我自己的。

　　无论如何我必须好好想着您在法兰克福的事，因为那个孩子4岁，你完全不必为此显得心事重重。——你问我是为了备考教师的职位？你要根据我的决定才能定下来？亲爱的！因为你对自己不公平。首先，我根本不必傲慢自负[2]，那绝对没有什么好处，它小得就像人在任何一种关系中有各种性格，面临各种情况，可惜！我还有十分特殊的理由，要感谢我从前的蒂宾根的傻瓜们，但是你的责任却是，尽可能地做蒂宾根的死者的唤醒者；当然，蒂宾根的死者的掘墓人[3]将会竭尽全力反对你。如果我认为，你做的可能是白费，那么，我当然会认为那是背叛，那是你对你自己的

---

1. 可能是埃贝尔给荷尔德林的信未及时发出，因他同时也在给黑格尔谋求家庭教师的职位。

2. 黑格尔致信荷尔德林，介绍蒂宾根神学院的备考教师职位，但信已遗失，荷尔德林因与前女友爱丽泽·勒布莱特的关系，拒绝了。荷尔德林1795年10月致信诺伊菲尔，提到该"建议"（Anerbieten）。

3. 唤醒者……掘墓人，蒂宾根的超自然主义学校试图用康德的批判学说支持东正教的教义。

背叛，如果你想跟那些贫寒的人打交道。但这是否在你的瑞士人中间或者我们施瓦本人中间，为你创造了一个更好的影响圈，当然是一个难题。也许你能从这里得到一笔旅费，那可能不是最坏的。假如我不能很快地得到一个合适的家庭教师职位，那我重新成为利己主义者，不再寻求眼前的公共的服务，而让我自己陷入饥饿。

我听说，伦茨很可能成为备考教师。你们在一起能够美好地生活。可不要把你的文学活动扔在一边。我早就认为，用你的理念解读保罗书信[1]必定是完全值得的。

下次多写。我希望，我们之间的书信往来，至少维持一段时间再结束。假如我们之间不再对话，那最不利的是我这边，而你那边则少一点。

生活幸福。

你的

荷尔德林

费希特又到了耶拿，并在今冬上天赋人权[2]的阅读课。辛克莱现在霍姆堡与父母在一起。他让我代致衷心的问候；他一如既往地想念你。代问默克林好。

---

1. 解读保罗书信（eine Paraphrase der Paulinischen Briefe），可能黑格尔曾有此计划。"保罗书信"，见《圣经·帖撒罗尼迦书信》。
2. 天赋人权（Naturrecht），费希特批判地吸收了古典哲学（主要是康德哲学）中自然权利（自然法权）思想的积极因素，支持法国革命中的天赋人权思想。

# 人在自己眼前永远只有他的粗劣的草稿，那就没有奇迹

致诺伊菲尔                                （纽尔廷根，1795 年 12 月初）

亲爱的兄弟：

最近我也喜欢给你写信，我的信写上了你家里的地址，那是我很明确地承诺的。但是时间打断了我。自从我再次来到这里，我彻头彻尾就像一只空空的碗，因此，我不愿意发出一点声音。我的状况的不确定，我的孤单和我想到，我在这里慢慢地成了一个让人烦恼的客人，自我消沉，而我的时间于我几乎无用。

此外，我的健康也不佳。

到星期天我仍然没有收到法兰克福的来信，我知道很无助。我怀疑我们在斯图加特的绅士们[1]是否让我保持安静，就我对你所能理解的，在斯特洛林家里的那个职位恐怕是有难度的。

假如我还待在原来的地方。我回到故乡来，是我最愚蠢的孤注一掷。现在我发现要回到耶拿，困难何止千百；如果我留下，暴力也伤害不了我，可现在假如我想再回去，必须听到奇迹。

---

1.斯图加特的绅士们（Herren in Stutgard），指教会监理会的神职人员，按照教会监理会的规定，没有找到合法工作的神学院毕业生必须从事神职工作，例如担任牧师助理等，否则，会遭到严厉的惩罚。

你这段时间已经把你的诗集润色了吗？我希望你有耐心。我在生活中从来没有像现在这样没有耐心润色[1]。但是如果人没有谁跟他说说什么，人在自己眼前永远只有他的粗劣的草稿，那就没有奇迹。到最后一切都废了。好的东西人不再感兴趣，坏的呢，人看不见。

我这样向你倾诉我的懊恼，我感到羞愧。可是如果我奋力脱离我的可怜的个性，我可能会写一个博士论文，而不写信。这就是友谊中的好与不好，因为人总是表里如一，人把苦涩的日子品尝两遍，因为人可以谈论它们，对好的也是这样。

我请求你，在邮差返回的时候，把我的开司米，我的衣服的样板，还有那张纸张，寄给我，我在纸上写了斯泰勒先生的道具，把它放在你的桌上了。假如那个样板和那张纸遗失了，那也不要紧，就从兰道尔[2]那里要一张，再从裁缝那里要一个。

生活幸福！

只要有可能，我几个星期以后把答应的那首悲歌[3]寄给你。现在我像从前一样，又一次躲进康德去避难了，假如我忍受不了的话。

你的

荷尔德林

---

1. 没有耐心润色，原文是拉丁文：impatiens limae。
2. 兰道尔（G.F.Landauer,1769—1845），斯图加特的布匹商人，1795 年通过诺伊菲尔认识荷尔德林，与法兰克福的龚塔尔特家相识并有商业往来。荷尔德林于 1800 年 6 月至 1801 年 1 月在他家居住。
3. 悲歌（Elegie），可能因为荷尔德林不久就到龚塔尔特家任职家庭教师，这个愿望没有实现。

# 从他们的不悦中，
# 我将受到教育，勇于改进

致约翰·戈特弗里德·埃贝尔　　　　　　　（纽尔廷根，1795 年 12 月 7 日）

我尊敬的朋友：

　　我很感激收到您善意的邀请。我希望，我能使您和您尊贵的朋友们[1]深信，能够做自己所希望的工作，我有多么珍惜。

　　我希望能在下个星期[2]启程。我尽管一段时间以来略有不适，但总的来说，至少不会再延续一个星期了。

　　您充满善意地要为我操心一个住处，假如有可能我就住在您的附近，那将是我三倍的愉快，或者，我也许能隔着桌子和您交往。假如您也能在此为我操心订餐，那么，我请求您只安排一份午餐。从我个人的意愿来说，我从来不吃晚餐。

　　请您预先告知您的朋友们，他们可能会觉察到我身上有一些恶劣环境强加给我的坏习惯，那些渣滓，无论是天然的还是非天然的，原初的还是后来的，但是我有足够的勇气和意志，也能从他们的不悦中受到教育，得到改进。在我希望自己以这种方式被测验和被认识之前，我真的希望，把所有我要与自己作斗争，特

---

1. 尊贵的朋友们（edeln Freunde），荷尔德林将去任职家庭教师的龚塔尔特一家。
2. 下个星期（mit nächster Woche），实际上，荷尔德林到 12 月底才启程前往法兰克福。

别是要与我这个教育者作斗争的一切，都直接列举出来，假如我不能站在对面来思考，那似乎是，人想要把他的恶行变成德行，并且利用他的弱点，倘若他敢于公开承认。

我不愿意现在就停笔，但是我被眼前很多别的事务弄得七零八落，我早就盼望着能静下心来和您交谈，我将保持我自身的纯洁。请您相信，我知道我很快就能与您和您的朋友们更多地交往了，我珍视那种快乐。

在此期间请您多多保重。您能从我的心灵中读到的，请让您尊贵的朋友们放心。

您的

真诚的朋友

荷尔德林

能劳驾您善意地将此信寄给辛克莱一阅吗？

# 天赋和良好的意愿能征服科学的荆棘之途

致伊曼努尔·尼特哈默尔　　　　　　（罗西高，1795 年 12 月 22 日）

我尊敬的朋友：

　　我总有那么多事要对你说并已对你无所不说。我也曾希望能给你写很多信，可是还没有给你写过。你也知道，即使我不说也不写，但我多么尊重那个人的功劳，他仅仅自称为我的朋友，其实他也曾是我的师长，这种功劳一天比一天得到公正的普遍的承认，我真为此欢欣鼓舞。

　　你对我的善意让我希望，我现在对你提出的请求，不会是徒劳的。

　　我的朋友和表弟，罗西高的玛耶尔，认为把他在蒂宾根的居住与快乐的耶拿调换一下是有利的，他已经用奖学金在蒂宾根度过了一年。

　　你的课程，你的同情心，在他未来的教育中是无限的保证和促进。

　　对于你可能给予他的，他不会无动于衷，不受感染；他有天赋和良好的意愿，能征服科学的荆棘之途。

　　不要拒绝，善意地接受他，已有一些人享有了这种善意，希望我的无限的感激，还有你对他的同情心将会结出的令人愉快的果实，能让你满意；因为我清楚地知道，精神的行为是非获利的。我妒忌他能在你的身边；我对耶拿常有乡愁。

我愿意用写信来补偿自己，你的善意给了我这样的权利，但是我要做到与人交流仍然是很难的，现在我在某种程度上还不是清净的，所以我必须违背自己的意志，保持孤单。

我现在启程去法兰克福担任一个家庭教师职位（去银行家龚塔尔特家），如果我能在那里赢得足够的安静和时间，那我也许很快就能在一些事情上有你指点迷津的快乐。

你已经知道，谢林变得有一点点背离他最初的信念。他本周要我向你致以很多的敬意。——

总的来说，在所有认识你的人中间，我发现了对你的尊重，也有对你的快乐的同情心，这都是人们欠你的，他们委托我，只要有可能，对此向你保证。

我的表弟现在已经和我分享了这种尊重，这对他是很有益的。

成为你的学生，并在你的眼睛注视下生活，他是如此地幸运。

我很不情愿地停笔；但我有急事。完全是

你的

荷尔德林硕士

# 我的心更渴望寻求接近那永恒的美丽

致诺伊菲尔　　　　　　　　　（美因河畔法兰克福，1796 年 1 月 15 日）

亲爱的兄弟：

　　假如我不必一直等到现在，我就不会这样零零碎碎地给你写，而直到现在你将会发现我茫然四顾、兴趣变化不定的结果，那种状况并非我的意愿。我知道，现在是时候通过新颖的事物让我自己少一些不安；但我又必须再次发现，即使加倍谨慎，不认识的人还是轻易地就比我应该认识的多得多，而我每认识一个新的人就会经受某种蒙骗，假如我不付出一些金色童年的惩罚，我根本不能学会理解他们。

　　我知道，我在你的眼里，通过这种屈辱的招供，我什么也没有失去。

　　不要因此而不相信，我的新状态没有好得在任何程度上让你不能满意。

　　看起来，我生活在非常好的、从比例上说真的很稀有的人中间。

　　如果我对你说，我们的心在某种程度上必定总是贫乏的，你一定能理解我。我也越来越习惯于喜欢和很稀少的人交往，以自己的努力和工作，我的心也会更渴望寻求接近那永恒的美丽，仿佛我期待着某种与美丽相像的、命中注定的东西。你以你多次给予我的珍贵的学说，你总是对的，人自身不会懂得生活的那些快乐的时光，即使并非出自最高的幸福的大笑，对人总是美好的；但是你也真正感觉到，那不是轻易能够领会的；那是自然的赐予，假如我能得到，绝不会丢弃。——

我必须要告知你，亲爱的！我的情感现正用在何处，所以你不要生气，我不是在说别的人。

我所处的关系中，条件是足够优越的。我可以完全不受限制地生活，我的小学生以他的纯粹自由的无拘无束，已经完全赢得了我的心，我只需要奉献上午的时间，我为此每年得到 400 个弗洛林，其他的一切免费。

眼下我想不出来什么特别的事。至少埃贝尔博士至今还没有就我的问题作任何答复，这将决定赞成还是反对我的朋友们和我的兴趣。埃贝尔今天对我说，他将会在以后的日子亲自写信。生活幸福。

你的

荷尔德林

代我向我所有的朋友致以问候。枢密顾问荣格要我向你代致问候。

# 哲学是一个女君主，我忍受着她的重压

致伊曼努尔·尼特哈默尔　　　　　（美因河畔法兰克福，1796 年 2 月 24 日）

我尊敬的朋友：

我一天又一天推迟向你报告我的消息。假如不是你对我的诺言的催促，我还会把欠你的这封信往后拖得更久。你如此温和地对待这事儿，让我羞愧不已。你问我，我对我的新境况感觉如何，还有我在耶拿就允诺要给你写的论文，是否不久就能完成。

我现在生活的新的境况，是可以想到的最好的。我有很多悠闲时光做自己的工作，哲学几乎重又成为我唯一的努力。我把康德和莱茵霍尔特放在首位，希望重新集中精力并着力于曾经因为徒劳无功的努力而支离破碎、贫乏无力的元素，对此，你是见证人。

但是耶拿的余音仍强烈萦绕我耳畔，记忆仍然有这么巨大的力量，仿佛当前完全能将我治愈。各路线条齐聚我的脑际，我能够将它们条条厘清。调整的哲学任务所要求的连续不断的集中精力工作，我聚集的力量还不充分。

我怀念与你的交往。你至今仍是我的哲学导师[1]，你建议我要提

---

1. 哲学导师（philosophischer Mentor），荷尔德林最早可能在 1789—1790 年冬季学期经尼特哈默尔介绍，接触了莱茵霍尔特哲学，尼特哈默尔在蒂宾根神学院通过毕业考试后又在学院度过了半年。

防抽象化，今天对我仍像过去一样珍贵，那时我让自己钻进了那个牛角尖，对自己十分不满。哲学是一个女君主，我忍受着她的重压，仿佛我自己甘愿屈从于她。

在那些哲学书信中[1]我将找到那条准则，它将为我阐释我们在其中思考与存在的分界，但是它也能够让冲突消失，主体与客体之间的冲突，我们自我与世界之间的，甚至理性与启示之间的冲突，在理论上，以知识的观点来看，无需我们的实践理性的帮助。我们为此需要美学的观念，我将把我的哲学书信命名为《关于人的美学教育的新书信》[2]，我还将把哲学延伸到诗歌和宗教。

我在出发之前见到了谢林，他乐意为你的杂志共同工作并通过你的引荐进入知识界。我们互相交谈并不总是琴瑟合鸣，但是我们都同意，新的理念用书信的形式表达才能最清晰。正如你知道的，他正以新的信念行走在更好的道路上，之前他在一条糟糕的道路上抵达他的目标。给我说说你对他最新的努力的评价吧。

请代我向所有我怀有友好的想念的人问好并为我保存着你的友谊，它对我如此珍贵。如果我能在不久为你的丰硕成果感到高兴，那对我是最美好的奖赏，我对此能够说，它们的成熟是因为你的精心培育和养护。

你的

荷尔德林

---

1. 荷尔德林在耶拿学习期间，曾许诺写作《哲学书信》，为此他努力写作，但仅完成《哲学书信片段》。
2. 关于人的美学教育的新书信（Neue Briefe über die ästhetische Erziehung des Menschen），参照一年前席勒发表在《时序》杂志上的论文《论人的美学教育》。

# 第一本书，假如我听到读者不同的评价

致科塔　　　　　　　　　　　（美因河畔法兰克福，1796 年 5 月 15 日）

　　您善意的回信已经向我确定，要再一次把《许佩里翁》[1] 提前，把整本书压缩成一卷；在我把手稿寄给您以来，这个愿望多次出现在我心中；印刷的推迟以及您关于作品篇幅的表达于我没有任何不妥；当然，我必须现在把开头部分缩减，让它与其余部分成比例，就像您已经做的那样；因此我必须请求您，尽快地把手稿寄给我，因为我有一部分的提纲已经遗失了。我肯定能在几个星期之后把它寄还给您，大约两个月以后寄来其余的部分。当然，纸张的费用也必须有一个可观的增长。可是我完全没有跟您计算过纸张，根据我现在的情况，用那个约定的 100 个盾对我来说已经足够了。您能否为我新的努力而让我高兴，这本书用书写纸和清晰的拉丁字母印刷，我将对您万分感激。我真的有这样的愿望，假如我听到了个人不同的评价，那这件事就不完全托付于您了，而是完全根据读者的接受程度，他们是根据已经发表在《塔利亚》上的书的片段来做出评价的。请您费心将我已经邮寄给您

---

1. 小说《许佩里翁》第一卷在科塔出版社出版后，出版社拟出版全书，荷尔德林因此决定对书稿进行修改和压缩，以倒数第二篇为样本，改写成书信体的形式，于是有了这封信。出版社于 1797 年 4 月 17 日给荷尔德林寄出了 10 本用仿羊皮纸印制的样书，书名为许佩里翁或希腊的隐士。此书后来在 19 世纪 20 年代有过重印。

的普鲁塔克的部分，就像去年夏天我收到的卡罗林部分，从整体
中抽出，邮寄到您知道的纽尔廷根地址。

　　以我全部的敬仰


　　　　　　　　　　您的
　　　　　　　　　　　最忠实的仆人
　　　　　　　　　　　　　　荷尔德林硕士

# 我有一种冲动，去您那里朝圣

致席勒 　　　　　　　　　　　　　（卡塞尔，1796 年 7 月 24 日）


　　尊敬的枢密顾问先生，我如此随性，给您寄去一个小稿件[1]用于将来摘花。其实我宁愿自己给您送去，能再次得到在您身边的快乐。人们告诉我，您更健康了，这让我有一种冲动，去您那里朝圣并且见到您。但是到目前为止，我至少还得耐心等待几个月。我现在与全家一起逃亡，在这个家里，我上个冬天在法兰克福生活得很愉快。他们真的是很难得的人，在他们中间，对我来说更有价值的是，因为我在正确的时间找到了他们，因为一些痛苦的经历已经让我对各种关系充满疑虑。

　　我希望您能在我十分急需的时候再次现身，我还想请您对我现在正在从事的一些方面发表您的高论，我还想要通过各种迂回的方式从您那里掠夺一些友好的话语，但是我现在必须中断了。

　　您能慈爱地代我向枢密顾问夫人致意吗？完全是

　　　　　　　　　　　　　　　　您的

　　　　　　　　　　　　　　　荷尔德林硕士

---

1. 小稿件（einen kleinen Beitrag），可能是《致隐姓埋名者》《致海格力斯》《狄奥提玛（中期的稿本）》及《致聪明的忠告者》，但是稿件寄达时已太晚，不能用于《1797 年缪斯年鉴》。

# 他对你的心不变，这才是朋友

致黑格尔 　　　　　　　　　　（法兰克福，1796 年 10 月 24 日）

最亲爱的黑格尔：

终于又能通信了。

你记得吗，从夏天一开始，我就从一个特别优越的地方写信，我最大的心愿就是随你的和我的意愿，你来到我们谈论过的这些好人当中。

战争的喧闹准是我这么长时间没有收到回复的主要原因。我也是整个夏天在卡塞尔和威斯特法伦，那是根本不能给你一点消息的地方。

前天高格尔[1]先生完全出乎意料地到我们这里，对我说，当你仍是自由的，对这种关系有兴趣，他乐见其成。你将有两个九岁到十岁的很好的男孩子要教育，能够无拘无束地生活在他的家里，不太重要的是，要住一个自己的房间，紧挨着你的两个男孩子，假如你对经济条件十分满意，关于他和他的家庭我没有更多好的要写，而紧张的期待总是不那么令人满意的，假如你来，他的屋子总是全天向你敞开的。

---

1. 高格尔（J.N.Gogel，1758—1825），法兰克福的葡萄酒商人，黑格尔从 1797 年至 1800 年在他家任家庭教师。

现在评论一下，你得到的可能很难少于 400 个弗洛林。旅费将会支付给你，跟我一样，你可以按 10 个卡罗林算。每次博览会你都会得到非常可观的礼物。一切你都可以自由地得到，比如理发等，其他的小事情另外。你可以在餐桌上喝上好的莱茵葡萄酒或者法国葡萄酒。你住的房子将是法兰克福最漂亮的房子之一，在法兰克福最美丽的位置之一。

你将会在高格尔先生和夫人那里发现俭朴的、无拘无束的、理性的人们，他们都有更多是为社交而从事的职业，他们都平易近人且富有，然而他们绝大部分都自己生活，他们，尤其是他们的夫人，都与法兰克福社交圈里的人及他们的僵硬，他们精神和心智的贫乏格格不入，他们不想毁掉家庭的乐趣。

相信我，通过后面的话一切都说了！最后，亲爱的，让我把你的事放在我的心上。——一个人，他自身处在状态和性格色彩缤纷的变化之中，他的心，他的记忆和精神仍然对你保持着忠诚，他是你的朋友，比过去更彻底更温暖，他的存在的每一个兴趣，他的生活的每一个机会都愿意与你分享，他像你一样，都不缺少自身美好的状态，假如你到这儿来，这个人住在离你不远。

真的，亲爱的，我需要你，相信我，你也是会需要我的。

当我们要准备好劈木柴的时候，或者要用鞋油和发蜡的时候，那么，让我们自问，当一个蒂宾根的备考教师，是不是不那么太好。奖学金在符腾堡和普法尔茨到处都臭气熏天，像运尸架，各种蛆虫在上面蠕动。在真诚的爱中，你不需要把你的精神如此故意地置于一种如此无法忍受的尝试中。

关于经济上的，我已经跟你说了，你是可以信赖的，你要知道，所有当地的商人最近都在关注这同一件事情。关于总数你完全可以放心。这是我从可靠的人那里了解的。我给高格尔先生说过，我将请求你，你给我写一封信，说明你对这个关系的考虑和你的愿望，表示你认为必需的方面，我把这封信给他阅读。以这种方式你可以纠正一切，或者，假如你愿意，也可以到这里来，别的不提。让我们现在抓紧，让这件事尽快进展。高格尔先生还对我说，他也有急事，只能等几个月。我还有很多要对你说，可是你到这儿来的事，必须是一本很长很长的没有学问的、关于你和我的书的前言。

你的

荷尔德林

# 我不假思索，响应你的召唤

黑格尔致荷尔德林　　　　　　　　（埃尔拉赫附近的楚克，1796 年 11 月）

最亲爱的荷尔德林：

　　再次得到你的消息，让我重又十分高兴；你的来信的每一行都叙述着你不变的友谊；我不能给你说，它给了我多少快乐，还有更多的希望，再一次见到你和拥抱你。

　　得到这个让人快乐的建议，我一刻也不拖延，直接就说说这件大事。从你给我的信中，你希望看到我在这种状态，向我保证，这种关系对我来说是不能再优越的了；我不假思索，就放弃了向我呈现的别的前景，而响应你的召唤。我愉快地走进这个无与伦比的家庭，能够期待，在这里教育我未来的两个小学生，并从幸福的成果中取得份额；用言辞和概念来充满他的头脑通常是可能的，但是一个家庭教师对于性格塑造上实质性的影响很小，如果父母的精神与他的努力不能和谐一致的话。——考虑到这个家庭里的经济的和其他的条件，聪明的办法常常是预先对此充分地说明；但是我相信这里可能不必如此谨慎并托付你关照我的利益，因为你最好也要知道，在法兰克福这方面习惯的做法是什么，在什么条件下生活的需要和钱发生对立。

　　清理屋子和免费洗涤我应也能期待。

我放弃请求你阐明高格尔先生对课程的愿望及对他孩子的特别看管；关于课程，在这个年龄上将含有为所有受过教育的人准备的知识——考虑到外界的习俗，有关一个更大的或更小的活动空间，高格尔先生能让儿童保持活力，我最好在当地了解他的愿望，并能就此与他更充分地相互理解，而不是通过书信来实现。

关于旅行，我的看法是，费用不会超过 10 个卡罗林，我希望你暂时与高格尔先生就此谈谈，然后你再找到合适的机会，请求他通过你把一张汇票转寄给我，——或者，如果我到达法兰克福，把费用支付给我。

我很抱歉的是，我不能立刻就启程，我不可能在年底之前离开我现在实际所在的这个屋子；——并在一月中旬之前进入法兰克福。因为你一开始为我的这件事感兴趣，因此我必须再次指望你，把我的信的实质内容通报给高格尔先生，让他为此确认我的重视；他自己会认识到，你可能已经对我说的有关他的部分，是为了让他在心里灌输信任，他赞扬我更多是因为你的友谊，一个朋友不会总是评判这个评判那个；但是，要让他放心，我会尽一切努力，不辜负你对我的推荐。

我迅速决断，多半也是我对你的渴望，我们再见面是怎样的一个情景，以及将来与你在一起的快乐的日子，这段时间将一直在我眼前晃动——别的不多说了——生活快乐——你的

黑格尔

# 希望兄弟般地分享辛苦和快乐

致黑格尔  （法兰克福，1796 年 11 月 20 日）

最亲爱的黑格尔：

整个事情都清楚了。就像我预想的，你得到 400 个弗洛林，外加免费洗衣和打扫屋子，旅费由高格尔先生支付，等你到这儿，或者，如果你认为是急需，给你把汇票寄到伯尔尼。我写给你的是他本人的话，我刚刚从他那里听到。

假如你想要把汇票寄到伯尔尼，以避免节外生枝的不便，那你在下一封信里给我写上，我将设法得体地办妥，而无须给你细说。

你要到一月中旬才能到来，高格尔先生像我一样耐心等待；我原想，我们在一起共度新年除夕。高格尔先生已经阅读了你的信，他跟我想的一样，对此十分满意。如果你认为自己是个老人，那你将在他的性格和他的表达方式上找到与你的独特性相应的很多联系。

课程的内容和形式当然要根据你的理解来决定。你对法语的熟悉可以作为给高格尔先生一个稀有的、很有意义的礼物。

他说，他的男孩子，数量是两个，都很好，他的两个女儿之一，脑袋瓜有点笨，你只能偶尔地教一教。但是这不要把你宠坏。这里的人都对你说，德国位于欧洲。谁会愿意花上一刻钟跟人说这么好的事情？

对那两个男孩子，第一课总是让我们很伤脑筋的，你宁可对国家和教堂，它们当前是什么状况，多下下功夫。至于漂亮的书写、计算、绘画、舞蹈、击剑，或者诸如此类的课程，要聘请孩子完全信得过的师傅来教，并不是对我们的期待，你就可以安心休息。

我们将兄弟般地分享辛苦和快乐，贴心的老朋友！我从法兰肯带来了地下的精灵，还有空中的精灵，它有形而上学的双翼，从耶拿陪伴我而来，这真的很好，自从我到了法兰克福，它们都已经走了。所以我对你还是有点用处的。我看见，你的状态已经让你失去了一点点众所周知的、永葆青春活力的感觉。看看吧！到明年春天，你将再现那个年龄。当你谈到领导和引导，亲爱的，尊贵的！都让我伤心。你曾经那么多次是我的导师，当我的感情让我成为一个懵懂的青年，将来也必定有很多次会这样。

你将会找到朋友，他们并非处处都有。

前一个星期我拜访了霍姆堡的辛克莱。你要来，也让他高兴得不得了。我跟你说，亲爱的！要过真正快乐的日子，你除了你的和我的屋子，你什么也不需要。再见的日子将会使我们真正的特别的年轻。我最远到达姆斯塔特去迎接你，如果能够这样安排的话。然后我先把你接到我这里，让我跟你好好地快乐快乐，我再把你送到善良的高格尔家里。

我前天梦见你了，你还是整天在瑞士到处旅行，我气得要死。此后这个梦让我非常快乐。

生活幸福，亲爱的黑格尔！尽快给我写信。假如你已经离开伯尔尼地区！

你的

荷尔德林

# 那些不幸运的诗能得到幸运吗

致席勒 （法兰克福，1796 年 11 月 20 日）

最尊敬的：

我常常垂头丧气，因为我再也不能像从前那样，对您说一句发自内心的话，但是您对我完完全全的沉默真的让我郁闷[1]，假如我要为此做点什么，再次向您说起我的名字，我必须总是无论如何找一个小小的借口。

这个小小的借口这次是一个请求，我那些不幸运的诗[2]，那些在您今年的《年鉴》上找不到位置的，请您为我再次审阅一遍，因为那些手稿是我在八月从卡塞尔寄给您的，那是我唯一的手稿。

假如您不愿意认为重新作出评价是浪费精力，我即使在这里扛住一切也比您的沉默更轻松。

我至今还清楚地记得您关注我的每一个微小的表示。当我还在法兰肯生活的时候，您也给我写几句话，我总是复诵那些话语，我如此经常地辨认不清。

您对我的看法改变了吗？您已经放弃我了吗？

---

1. 荷尔德林于 1795 年 7 月 23 日、9 月 4 日和 1796 年 7 月 24 日写给席勒的信，都没有收到回复。
2. 参见 1796 年 7 月 24 日荷尔德林致席勒的信，注释 1。

　　请您原谅我的这个问题。对您的一种亲近感，我常常无助地与之斗争，如果亲近感是一种激情，始终与我不离不弃，那么这样的问题就油然而生。

　　我常常为此责备自己，假如您不再是那个唯一的人，我的自由已如此依附于他。

　　我知道，我不会安静下来，直到我通过任何一种获得和成就再一次获得您满意的表示。

　　假如您不相信，当我不再谈论我的工作的时候，我停工了。但是，失去那种亲近感，就像我曾经有过或者梦见过的，要忍受它带来的茫然若失，那是很难的啊。

　　我狼狈不堪，对给您说的每句话都毫无廉耻之心，但是，如果我发现了跟我不相上下的别的人，我却根本不顾年轻的谨小慎微冲上去。

　　您给我说一句友好的话吧，您应该看到，我的变化多么大啊。


　　　　　　　　　　　　　您的真正的崇敬者

　　　　　　　　　　　　　　　　　荷尔德林

# 富有同情的友谊利于双方

席勒致荷尔德林　　　　　　　　　（耶拿，1796 年 11 月 24 日）

　　我绝对没有如您想的那样忘记您，亲爱的朋友：零零碎碎的事务，加上我习惯上对写信的羞怯，让我拖延了这么久才回复您友好的来信。

　　您投给《年鉴》的最新的诗，晚了好几个星期，否则，我肯定已经使用了这一篇或那一篇。为此，我希望，您在未来能够占有更大的篇幅。因为我今天缺少兴致，把最后寄来的这些作品都浏览一遍，这样我就把它们都放在手边，可以随时写上我的评论。

　　如果我能在下一期《年鉴》上展示您的天才的一些成熟和有生命力的硕果，那对于我是极大的快乐。我请求您，聚集起您的全部力量和您的全部敏锐，选择一种快乐的诗的素材，把它放在心上生长并且悉心地培育，让它在此在的最美好时刻悄悄地完全成熟。尽可能地逃离那些哲学材料，它们是一些最吃力不讨好的东西，毫无成果地与之搏斗，常常消耗了最好的力量，您停留在那个感性世界的近处，这样您较少冒险失去激情中的冷静，或者误入一种矫揉造作的表达。

　　我还愿意提醒您避免德国诗人的一个传承的错误，那就是冗长，在没完没了地阐述和仿佛洪水般涌来的诗节下，扼杀了最快乐的思想。这对你的诗《狄奥提玛》造成了不小的损害。简单的整体结构中有少许突出的特点，将成就一首很漂亮的诗。因此，我推荐您首先要有一点明智的节俭，突出之处要精心选择，并且为此有一个清澈、简洁的表述。可是我如何能够把所有想要罗列的——列出呢？您有缪斯和先知；您要依据最美的样板并从中自己建立规则，没有了规则也就没有了言辞。

您原谅我提出了这些要求和警告。富有同情的友谊利于双方。

祝您健康幸福，让我经常听到您的音讯。

您的真正忠诚的

席勒

# 我相信会有一个未来思想
# 和想象方式的革命

致约翰·戈特弗里德·埃贝尔[1]　　　　　（法兰克福，1797 年 1 月 10 日）

我的尊贵的：

　　我拖延了这么久才回复您的第一封来信，因为我觉得，有多少要给您说，因为我没有一刻闲情逸致，给您写得足够丰富，把我的所思所愿都告诉您。

　　亲爱的埃贝尔！像您这样被欺骗和被伤害，是多么奇妙。对真理和正义感兴趣，并不是每个人的事情，而人们能在它不在之处看到它，如果观察者的智力被心深深地迷住，那么人们也许可以说，这颗心对于它的世纪是过于高贵了。要揭开现实的丑陋并亲眼看见，不亲自陷入其中几乎是不可能的；眼睛要尽可能长久地把缝闭合，不让烟雾和灰尘挤进去，因此，人的一种美好的本能是，对很多并非直接自身的材料，宁可快乐地注视。但是现在您能够接受它，为此我特别赞赏您现在还想要看，似乎您从前并不那么关注。

　　我知道，要与一个曾经亲眼看到人性的硕果和鲜花在希望中

---

1. 此信是埃贝尔给荷尔德林的一封信的回信，埃贝尔的信已遗失。为便于埃贝尔回复，荷尔德林在信中附上了回信的信封，写上了地址并盖有印章，印章镌刻着复仇之神赫拉克勒斯正与狮子搏斗。

重新盛开的地方告别，痛苦是无止境的。但是人有他自身，还有少数的个人，在自身和少数个人中发现一个世界，也是很美妙的。

但是就一般性而言，我倒是有一个安慰，也就是每一个分离和消散都必然会导向或者灭绝或者新生的组织。但是不存在可灭绝的，于是世界的青春时代必然会从我们的衰落中重新返回。人们完全可以肯定地说，世界从未像现在这样丰富多彩。它将充满极其丰富繁杂的矛盾和对比。新与旧！文化和野蛮！恶毒和激情！披着羊皮的自私自利和披着狼皮的自私自利！迷信和无信仰！奴隶制度和独裁专制！非理性的聪明，愚蠢的理性！无心的感觉，无感觉的心灵！无哲学的历史、经验和起源，无经验的哲学！无原则的能量，无能量的原则！无威严的人性，无人性的威严！虚伪的殷勤，厚着脸皮的无耻！老成持重的青年，傻里傻气的人！——人可能从太阳升起一直到午夜进行连祷，却未曾提及人类混乱的千分之一。但这本应如此！人类最知名部分的这一特征确定是不同寻常事物的一个先兆。我相信会有一个未来的思想和想象方式的革命，它将使迄今的一切羞愧得脸红。德国可能会为此做出很大的贡献。一个国家越是默默无闻地成长，它将会变得更加美好，如果它能够趋于成熟。德国将是宁静、谦虚的，将会深入思考，努力工作，年轻人的心中有巨大的运动，而没有进入其他任何地方所经历的阶段。很多教育，更多无穷无尽的可塑造的材料！——善良和勤奋，童稚的心和男子汉的精神，是塑造无与伦比的人民的元素。人们在何处找到更多？唯在德国人之中。当然，臭名昭著的模仿也给他们带来了很多损害，但是只要他们更加懂得哲学，就能更加自立。您自己就说过，亲爱的！人们应当从现在起生活在自己的祖国。您会很快这样做吗？来吧！您到这儿来！假如您不到这儿来，我不理解您。您在巴黎是个穷人，而在这儿，您的心是这样富有，比您可能曾经见到过的更加富有，您的心在忍受饥饿，却不是我说的那种饥饿。您在这里有很多朋友，还会有更多。我过去不知道，坏的人，与您相比，多不合适。现在我知道了。我不用狭小的尺度衡量人们，确切地知道了您的内心，亲爱的埃贝尔！所以我必须说，我不理解，您曾经对人们有多么不满，或者以一个灵魂，——最近一个小姑娘对我说，除了埃贝尔，她不知道还有什么完整的人，她的眼睛里含着泪水；但是，这我绝不会出卖。——您还将在我们的圈子里发现诸如此类的。在我开始写这封信的时候，黑格尔已经到了这儿。您肯定会喜欢他。

龚塔尔特先生和夫人要我代致问候。还有亨利！您生活快乐！尽快来。

荷尔德林

在您的上封信抵达之前，黑格尔与这儿的高格尔建立了关系。我正在寻找另一个您能中意的。

# 以更加自由的思考
# 和更加愉悦的心情重新开始

致席勒 （法兰克福，1797 年 6 月 20 日）

我的信及它包含的东西，可能到得不太晚吧，假如我很肯定，您在收到后能赞赏我。我有足够的勇气和自我判断，让我与其他的艺术评论家和大师亲近，并且必须安安静静地走我自己的路，但是我对您却有不可克服的依赖；我觉得，因为您的一句话对我有多么大的决定作用，我努力把您忘记，为的是在工作时不要提心吊胆。因为我确信，这种提心吊胆是艺术的死亡，因此我十分理解，为什么要用确切的言辞表达大自然很难[1]，在一个时期，大师的杰作唾手可得，而在另一个时期，艺术家却孤立于生气勃勃的世界。他与这个世界难以区分，他对她过于信赖，以至于他支撑自己抵御她的专制，或者让自己被她俘获。但是这种糟糕的选择是不可避免的，只要比自然更强大和更理智，但是正因为此，大师成熟的天资对青年艺术家施加的更加沉重，也更积极。这里不是儿童与儿童嬉戏，这里也不是旧的平衡，最初的艺术家与他的世界在其中相处，而是男孩子与成人在相处，他与他们艰难地

---

1.荷尔德林曾把诗《致大自然》寄给席勒，但未被采用。

如此信任，以至于他忘记了他们巨大的重量。假如他感觉到这一点，那他必定要么固执己见，要么卑躬屈膝。假如他不这样呢？您知道，至少我不会像那些虚弱的绅士那样，在这种情况下，通常会选择数学家的道路，并通过无限地缩小，让无限等同于有限和相等。假如人们因为自己已经尽力而愿意原谅自己的耻辱，那无非是一种很糟糕的安慰：0=0！

我自作主张，把我的《许佩里翁》的第一卷附上给您。他们接受这本小书[1]，完全是因为它在反面的情绪和不应有的诟病的影响下遭到曲解，这种曲解如此贫乏和干枯，我对此未作考虑。我已经以更加自由的思考和更加愉悦的心情重新开始，并请您以慈爱拨冗阅读并通过任何一种方式让我知晓您的高论。我觉得，光有第一卷而不展示第二卷是不明智的，因为它们对于全书，都很少是各自独立的部分。

但愿我附上的那些诗[2]在您的《缪斯年鉴》上值得有一席之地！——我向您承认，我特别感兴趣的是，我可以等待在《缪斯年鉴》上公开发表的命运，我也请求您的一点额外之劳，您用几行字告诉我，在您发表的作品中，您发现了什么样的价值。假如您准许，我再给您寄一到两首经过加工的诗，它们在前年到达得太晚了。

我这样说，在您面前显得有点像乞求，可是我不感到耻辱，

---

1. 这本小书（des Büchleins），席勒曾致信科塔出版社，推荐荷尔德林的《许佩里翁》第一卷。
2. 指荷尔德林随信附上的几首诗，有《致以太》《漫游者》（第一稿本），可能还有《橡树林》。席勒将第一首诗《致以太》发表于《1798 年缪斯年鉴》，其余两首发表于《时序》；在 1797 年 6 月底席勒与歌德的书信往来中提到前两首诗。

我多么需要一个高贵心灵的鼓励。我能向您保证，那么一点点就让我的虚荣心得到满足，否则，我对自己的愿望和努力深深地沉默。

我以崇高的敬仰

您的

最忠诚的

荷尔德林硕士

# 我要再次从你的忠诚取暖，再说出心里话

致诺伊菲尔　　　　　　　　　　　（法兰克福，1797 年 7 月 10 日）

　　我很长时间没有给你写信了，常常也是因为不可能。因此我要对你说：就是因为它！它已经起变化了。命运驱赶着我们向前或者原地转圈，而我们没有多少时间，跟一个朋友优哉游哉，而是像一个人骑着骏马驰骋而去。但是享受也是更大。假如人再次保持安静，尝试与可信赖的心谈谈你在干什么，并且自身也再次学着说说，人在干什么。——我常常想念你，我的最好的！哲学的、政治的问题等也可以用一些交谈来解决。可是把他的最弱点和最强点向你袒露的人，其人数可不会轻易加倍。我几乎已经完全忘记了，要向这样一个信任的朋友敞开心扉。我想要坐在你的身边，首先要再次从你的忠诚取暖——然后再说出心里话！——哦，朋友！我沉默又沉默，在身上堆积这样一个负担，它最终几乎会把我压死，至少让我的感觉不可逆地坠入黑暗。那同样是我的一个灾祸，让我的眼睛永远不再明亮，就像过去。我为此向你坦承，我相信，我要是像现在这样深思熟虑，像现在这样被别人和二十二岁的我 [1] 更正确地评价，那时我还和你在一起生活，善良

---

1.二十二岁的我（in meinem 22sten Jahre），指还在蒂宾根神学院与诺伊菲尔一起学习的年龄。

的诺伊菲尔！再给我一次青春吧！我已经被爱恨情仇撕裂[1]。

但是我用这些含糊的表达不能让你喜欢，所以我宁愿沉默。

你从前比现在更加幸福，但是你有安宁。没有安宁，一切生命都像死亡一样好。我也想要有它，我的亲爱的！

如你所写，你已将那架竖琴长久地悬挂在墙上。假如人能不受良心谴责地做到，那也很好。你的自我感觉安心于其他快乐的活动;因此，假如你不是诗人，你也不会被毁灭[2]。而我，一切勉强能做的事情，都可能把我败坏，我能给予自己的那点乐趣，是我有时候从火热的灵魂中倾泻而出的几行诗，在第一时刻让我得到安慰；但是这种乐趣消失得多么快啊，你自己也知道。我的家庭教师的职业，就其职业而言，有过于神秘的结果，仿佛我在其中能感觉到自己的力量。

我的《许佩里翁》第一卷你们是否已经收到，如何看待，以及你对它的专门的评论，你不想给我写写？

我上次寄给你的那首诗《狄奥提玛》已经被席勒确定用了，这样我就不能再给朗的《年鉴》刊印了，你手上的那个样本是最正确的，我没有它的副本，我充分信任你的宽容，所以我请求你，尽快地把它的一个抄本寄给我，否则要寄给那个人可能就太晚了。假如你附上一点你自己的什么，那将是我的快乐。

生活幸福，我的亲爱的！

一如既往是

---

1. 因为荷尔德林与女主人苏赛特·龚塔尔特的暧昧关系，在她的家庭内部引发了矛盾。
2. 不会被毁灭（nicht vernichtet），荷尔德林预感到自己悲剧性的遭遇，但他把它归结为诗人的命运。

你的

荷尔德林

# 我认为理性是理智的开端

致席勒　　　　　　　　（法兰克福，1797 年 8 月 15 日或 20 日）[1]

　　您的信我将永生难忘，尊贵的人！那封信给予了我新的生命。我深深地感到，您多么正确地评价了我的需要，我如此自愿地接受您的建议，因为我已经真的在向着您指引的道路前行。

　　我现在看来，形而上学的情绪就像某个精神的少女，我相信，面对那些材料的羞怯，在它自身是如此不自然，然而作为生命的周期却很自然并在一个时代是如此有益，就像某些关系的全部逃逸，因为它将力量留在自身，因为它节省被挥霍的青春生命，直至它成年的丰裕驱动它将自身分成多种多样的目标。我也相信，精神和生命的普遍活动，不仅在于其内容，按照其本质，是在某些行为和观念之前，而且实质上按照时间，在人的本性的历史发展中，理念是在概念之前，就像潮流是在（确定的，有规律的）行动之前一样。我认为理性位于理智的开端，假如良好的意愿犹豫不决并且拒绝成为有用的意图，我发现人的本性的特征，完完全全就像哈姆莱特的特征一样，因为那个唯一的原因，

---

使他如此难于实施某些行动，为他的父亲报仇。

我一直就有这种喋喋不休地闲谈我的推理的习惯，但是我需要一种进入的方式，让我能够更确切地跟您交谈，您看到其中的原因并原谅我。

您会问，您的英语译者寄给您的《阴谋与爱情》的新的译本，是如何会经过我的手的。

我的一位朋友，斯图加特的秘书默克林与符腾堡王子一起在伦敦度过了一段时间，在回来时访问了我，当他知道，我有幸认识您，就委托我一件事，或者，事实上，他想让我享有把它转寄给您的快乐。书的出版商首先把它交给我的朋友，他还推荐了您并表示，希望在他们出版的时候得到您的最新的作品；他已经采取措施，要翻译您的全部文字。假如满足这个愿望对您是一种负担，那么，我根据您的安排与那位出版商进行通信联系，我将此作为我的荣幸。

我最衷心地感谢您善意地将《漫游者》收入《时序》。您相信吗？我是把这珍视为一个荣幸。最让我高兴的还有，您认为《致以太》也有资格进入您的《年鉴》。经您允准，我把诗《致聪明的忠告者》[1]也寄给您。我已经让它更温和并尽可能好地进行了润色。我已经尝试在诗的性质能够承受的程度上，为它注入了一种更确定的语调。我还给您附上了一首歌，那是经过再加工并且缩短了的歌《狄奥提玛》[2]，我曾给您寄过。我怀抱着希望，它以这种

---

1.《致聪明的忠告者》(An die klugen Ratgeber)，这首诗与另一首《少年致聪明的忠告者》几乎是同一时间创作的，但后面的一首受到席勒的指责，未予发表。
2.《狄奥提玛》(Diotima)（中期的稿本），经过缩短的稿本未保存。

形象，能在您的《年鉴》上找到一个位置。

您说，我应当离您更近，那您应当能够完全理解我；您一句这样的话，对于我意味如此深长！

但是您相信吗？我必须对我自己说，您的身边不是不允许我吗？真的，假如我围绕着您，您会极大地激发我生命的活力。我还清楚地记得，您的在场总是让我走火入魔，第二天我就什么也不记得。只要我在您的面前，似乎我的心就变得很小，如果我离开，我就什么也不能聚集起来。我在您面前，就像一棵植物，人们刚刚把它植入泥土。在中午人们必须给它遮阴。您一定会笑话我；可我说的是真话。

荷尔德林

# 内心的完美，真是永不可见的理想吗

齐格弗里德·施密特致荷尔德林　　　　　　（巴塞尔，1797 年 11 月初）


　　他的 [1] 生机盎然的绘画以这样一种冷冰冰的、高音调的词语在我面前一晃而过。我排除了歌咏和亲吻。索菲·梅乐傲的《林铎和米尔塔》《光与影》让我感到舒适；它们在一种无光泽的宁静之中。那些泉水，另一方面，我听到的无非是一些烦恼人的回声。K. [2] 的悲剧有个别好的段落；但是应当让整体上可爱的东西却缺失了。尽管席勒自己把余下的那一小扎当作无足轻重的添加了？——可能不是，所以我才要重新通读一遍，并且还要看看，假如我对这个问题说是，我是否会有一种糟糕的心情。

　　您是否能如此善意，告知我您对这一期的《缪斯年鉴》的作品所做的评论？

　　关于平庸的希腊和金色时代的平庸指的是什么？——内心的完美，难道真是永不可见的理想吗？——或者，我们想象的是比希腊人更加卓越的（更加人性高贵的）吗？那是我们做不到的。我们对这种尝试产生了错觉，而变得非人道。但是我们想要展示

---

1. 他的（seine），指 A.W. 施勒格尔。此信开头缺失部分涉及施密特对歌德和席勒的叙事诗和荷尔德林的《致以太》的评论。
2. K., 凯勒（Heinrich Keller，生卒年不详）。

同样的却是异样雕琢的作品，以此成为真正的艺术家，实现永恒。我对您的理解是正确的吗？

一个悲剧的加工将是这个冬天我的附加工作。众神给予我力量！主佑正直之人[1]！

您对歌德的《赫尔曼与窦绿苔》有什么要说的？我将在下次聆听。

我想要给您写一个怨诉和一个安慰，那是我去年夏天就对自己提出的，对此，天知道我为什么这么长时间一直没有勇气把后面的那个呈现出来。

*沉闷阴郁，人生于我实在过于悲怆，*
*我把自己逼迫的生命扔进大洋的波涛。*
*一切如此勤奋，驱策，奔跑，彼此冲撞，*
*哎呀，勤劳的人民啊，把自然与植物区分？*
*这是，被命运所驱使，在沉默中煎熬。*
*但正是苦难煎熬，人民急迫，行色匆促，*
*人真的想要诅咒生活；在这个人群中总是发现*
*同样的东西，绝不显现活生生的事物。*
*假如怨诉真的从你脱口而出，朋友听不见，*
*假如天才遥不可及，你将悲伤的时光哀叹，*
*哦，于是你再不会瞥一眼那艺术家的杰作，*
*他以超越的精神，高尚的生活为我们创作；*

---

1. 主佑正直之人，原文是拉丁文：Dextrae Deus adsit.

或者，你看一眼它，假装与之邂逅，如对我们，

于是生活，如你所怨诉，仍然阴郁沉闷，

那么，再不要误以为，你与众神之一相邻而居。

他交给你另外的，世界于你似乎迥异！

生活即一切，上帝激励我们，不可见，充满感觉。

那是内心轻盈柔曼的触动；却是神之伟力。

是故仅少数之人；因为被精妙之轻轻触及

大自然处处与更高的精神相联结，

因此他被迫成为一个强大的天空之存在，

并非人人认可；却为亲爱者们所感觉。


　　我开始阅读《许佩里翁》，——兄弟！兄弟！——辛克莱在书里看到一个人格化的道德体系。别人在其中所见之一切，将得上帝之怜悯！


S. 施密特

# 介绍有趣的年轻人与你相识

致诺伊菲尔　　　　　　　　　　　　（法兰克福，1798 年 3 月）

最亲爱的诺伊菲尔：

　　我非常高兴地要让一位有趣的年轻人与你相识，他在返回祖国瑞士的旅程中途经德国，他在与你交往中度过的几个小时，不会认为是白白浪费的。他是申茨先生，苏黎世神学界的候选人。他会给你谈论父亲克洛普施托克，谈谈耶拿、戈丁根、德累斯顿、柏林，等等。请你善意地给他介绍斯图加特的艺术家们，还有其他在文学或者政治观点上，或者从他们的社会交往中你感兴趣的人。原谅我这么长时间默默无语——疲劳、事务繁杂、数不清的小事——我希望能好起来，因为我会在几个星期里亲自来。

　　　　　　　　　　　　　　　　　　你的

　　　　　　　　　　　　　　　　　　　荷尔德林

# 人们对我的苛评可能会尾随我

致诺伊菲尔 　　　　　　　　　　（法兰克福，1798 年 6 月）


我一刻也不能再让你对我有怀疑，最亲爱的诺伊菲尔！因此我赶在邮差离开之前，万分火急地给您写下这几行字，为的是答复你上一封信。

海格林对我说，你曾对他说过，他在返程时要把我给你的《年鉴》的稿件[1]捎回去，因此我等了他这么多天，把我的答复推迟了这么久。这已经对我造成了很多痛苦。请原谅，最好的！看在我们过去时光的分儿上！在你的心上不要丢掉我，因为我非常需要它。

附上的信[2]是我早就给你写好的。我不能给那个梅乐傲写信，因为人们说，我与她在耶拿有爱的交易，或者谁知道谁跟谁呢？——啊哈！亲爱的！很少还有人信任我，人们对我的苛评可能会尾随我，直到最终我出走，至少是离开德国。将就着收下那些短诗吧。假如可能，还有几首长一点的，我再寄给你。在我知道我能以此为你做点什么之前，有人拿着诗来找我，因为我已经

---

1. 荷尔德林的十二首箴言诗：《过去和现在》《生命的历程》……《虚情假意的诗人》等，部分出现在诺伊菲尔编辑的《1799 年袖珍书》，部分见于下一年的同名书中，中文版见《荷尔德林诗集》第 220—231 页。
2. 此信未保存。

答应他们，要信守诺言。

永远的和全身心的

你的

荷尔德林

你善意地尽快再给我写信，让我看到一点你的作品；你想到，你的《年鉴》竟然没有我的捧场，这真的是大怪事。它的内容当然应该包含评论，我有言在先，只要是你的，我都喜欢。

# 假如从平庸向优秀过渡比平庸本身更糟，我宁愿选择更糟

致席勒 （法兰克福，1798 年 6 月 30 日）

我又给你寄来几首诗[1]，您不要以为这是不谦虚的表示；假如我认为没有权利希望得到您的赞同。

我因多方面如此意气消沉，我因自己公正的评价而如此让我失去信心，我如此无法战胜自己，远离对那个人的责备的恐惧，我对那个人独一无二的精神感觉如此之深，我也许早就从他的力量中汲取勇气，假如不是因为认识您而得到如此巨大的快乐，也遭受同样的痛苦。

您对人有深刻的洞察力。因此，在您面前弄虚作假，实在是毫无道理和无用的。您当然知晓，每一个伟人都从其他非伟人身上汲取安宁，伟人只有在与之相同的人中间才能获得平衡和无拘无束。因此我必须向您承认，我有时候在与您的天才进行隐秘的斗争，以拯救我对它的自由，而牢牢占据着我对您的恐惧，常常阻止我以欢欣鼓舞的心情与您接近。但是我从未成功地远离您的圈子；我想要原谅我的这种背离，是很难的。而那也是好的；只

---

1. 荷尔德林给席勒寄去几首诗的誊清稿，但由于邮寄太晚，席勒仅选用两首最短的诗《苏格拉底和亚西比德》和《致我们伟大的诗人》（中文版见《荷尔德林诗集》第 238 和 240 页）。

要我与您还有一些联系，那我就不可能做一个平庸的人，假如从平庸向优秀的过渡比平庸本身更加糟糕，我在这种情况下，宁愿选择更糟糕的。


您的

真正忠诚的

荷尔德林

# 若能正确地认识自己，
# 必定会勇往直前穿过阻碍他们的废墟

致诺伊菲尔 （法兰克福，1798 年 8 月）

　　我很高兴，最好的！你这样郑重其事地对待我的那些小东西[1]。当此不幸之中，我依然爱的命运，将以宁静和愉快回报我的爱，而我想，以更大的力量为你服务。你必定知道，我将会并且必须把所有的一切，人对自己所能要求的一切，精神和行动，以及真诚的好意，都给予你，而你从我这里真正地、彻底地了解了友谊的幸福。我的尊贵的！因为你还像我一样，珍视我们互换美意温情等的岁月，不是吗？——我相信，就像我们一样曾经爱过的人，当然也能爱所有美好的和伟大的事物，假如他们能正确地认识自己，并且必定会勇往直前地穿过阻碍他们的废墟而工作。我知道，我其实一无是处，也许，我也将一事无成。但那会消除我的信仰吗？我的信仰会因此成为幻影和虚荣吗？我认为不会。我要说，假如在尘世我无所出色的成就，那是因为我没有正确地认识自己。认识我们自己吧！那是促使我们成长的。假如我们让自己及我们的神性被引入歧途，或者就像你说的，所有的艺术和

---

1. 小东西（Kleinigkeiten），荷尔德林在上一封信中给诺伊菲尔附上的十二首箴言诗。

所有辛劳将付诸东流。假如我们坚定不移，互相告知我们心中之念，那么，价值不可估量；假如我们自己与可怜的竞争等分离并自我孤立，那将是我们最大的悲哀，因为朋友的召唤是必不可少的，以便我们重新结为一体，因为我们自己的灵魂，我们最好的生活正遭受来自平庸之人的愚蠢及其他人的自认的高傲的侵蚀，它们现在已成气候。

在此还寄上几首小诗[1]。

我在上封信里向你承诺的，我需要时间来做好。

你的

荷尔德林

---

1. 几首小诗（einige Gedichtchen），显然是指《致命运女神》《狄奥提玛》《致她的守护神》《谢罪》四首短诗，刊登在诺伊菲尔编辑的《1799年袖珍书》。

# 我宁愿一事无成而死，
# 也不与甜美的缪斯的故乡分离

致诺伊菲尔 　　　　　　　（赫尔山前的霍姆堡，1798 年 11 月 12 日）


最亲爱的诺伊菲尔：

　　自从我上次给你写信并有了在霍姆堡靠财产生活一段时间的想法以来，我改变了我的境况。我来到这里大约有一个多月了，我在这段时间一边写我的悲剧[1]，也安静地与辛克莱交往，在美好的秋天中生活。我因很多痛苦而如此身心疲惫，有了安静的幸福我应当感谢众神。

　　我非常想知道你和你的年鉴[2]的消息；但是假如我不是亲手从你手里接过信的话，我还不得不等待，我并不是说你疏忽，而是你的信最早也要四个星期才能到这里与我见面。

　　我的朋友辛克莱刚刚因为宫廷的事务要出发去拉施塔特，他非常慷慨地向我提出建议，与他做伴同行。对辛克莱的慷慨，我一点也没有我的拮据的经济状况会因此受损的想法，也没想到我的工作会中断很长时间，我会把这作为一件事来做，假如我不愿意那样做，那倒是奇怪的。

---

1. 悲剧（Trauerspiel），荷尔德林写的悲剧剧本《恩培多克勒》，但最终没有完成。
2. 年鉴（Allmanach），诺伊菲尔主编的《1799 年闺房教育袖珍书》。

今天或者明天我们就启程。

我很可能从拉施塔特徒步前往符腾堡地区。假如不能成行，那我将在一封从拉施塔特发出的信中请求你，假如你没有事务缠身，那就某个日子在纳沙泰尔见面，我去往那里，以便与你再一次面对面。能够再一次与你交谈我们共同感兴趣的一切，那将是我莫大的爱。——那在诗歌中充满生命力的，现在大部分还在我的思想和心灵中盘旋。我如此深深地感到，我离触碰它还有多少远，因此，我的整个灵魂为之竭尽全力，而它常常把我攫住，当我处处感觉到我的表达既缺少这个又缺乏那个时，我忍不住要像个孩子那样大哭起来，我却不能从那个我盘桓周旋的诗歌迷宫里挣扎而出。哎呀！让世界把我的灵魂从青春的初期追回来吧，哪怕我从那以来一直受苦。尽管有一家医院，每一个像我这类不幸的诗人都能够带着尊严逃脱——哲学。但是我不能从我青春最初的爱和最初的希望逃离，我宁愿一事无成而死，而不与甜美的缪斯的故乡分离，这种意外之事绝不会对我发生。假如你有一个好的建议给我，让我尽快地达到真理，那么你告诉我。我缺少的是力量，而不是轻松愉快，缺少的是理念而不是细微精致，缺少的是一种主重音，而不是层层排列有序的音调，缺少的是光，而不是阴影，它们全都出自一个原因；我对现实生活中的平庸和惯常恐惧至极。我是一个真正的书呆子，假如你也这么认为。然而，如果我没有弄错，书呆子们也并非那么冷漠和无爱，我的心是如此急促，要在月光下与人和事物结成兄弟姐妹的关系。我几乎相信，我是出自真诚之爱的书呆子气，我并不羞怯，因为我害怕现实会干扰我的利己主义，但我是羞怯的，因为我害怕现实会干扰我真诚的参与，我愿以此加入别的什么之中；我害怕我内心温暖的生活会因为每天冰冷的故事而变得冷漠，对所有从青春起就被破坏殆尽的每一个事物，我都比别人更敏感，我的恐惧即来自于此，而这种敏感则来自我不得不创建的经验的关系中，对此，我并未构建得足够坚定和不可摧毁。我看清了这一点，可是看清对我有何助益？我相信，助益多多。因为我比别人更易于被搅乱，所以我必须设法赢得对那些搅乱我的事物的优势，我必须不让它们纠缠我，我必须让它们离开我，远得对我最真实的生活有利。我在哪里发现它们，必须努力把它们作为必不可少的材料，没有它们，我绝无可能完全展现我的至真至诚。我必须将它们纳入我之中，以便在适当时机（作为艺术家，假如我想要并应当成为艺术家）把它们作为阴影置于我的光明之上，以便把它们作为次要的音调复述，我的灵魂的音调在其中如此生机勃勃地翩然而出。纯粹仅能在不纯粹之中展示，假如你想要在无平庸中表现高贵，那将是绝对不自然的，毫无韵律地呈现，而高贵本身，也将流于表象，带着机遇的色彩而显现，而那美丽呢，它是从现实中产生的，而它跳跃而出的周遭环境，必须假设是一个与它不协调的形式，只有在产生这个形式的必要的环境中，它才能成为一个自然的形式。比如，布鲁图的形象[1]就是一个最最不自然的、荒谬的形象，假如人们不从他所处的环境来看他，他坚强的外表与他柔弱的心智是很不般配的。因此，没有平庸，也就无以展现高贵；所以，假如在这个世界上我发生了什么平庸的事，我总是要对自己

---

1. 布鲁图的形象（Charakter des Brutus），荷尔德林在准备写作悲剧时钻研了莎士比亚的悲剧，如《尤利斯·凯撒》。

说：你实在非常需要它，就像罐子需要泥土一样，所以你总是拿起它，而不是把它推开，并且不害怕它。结局也许就是这样。

因此我请求你给我一个忠告，也是为了真实地展示我的错误，你在某种程度上对此当然有所了解，这是为了让我自己意识到它们，我进入之深，远超我的思考，如果你完全理解我的冥思苦想，我向你坦承，我的工作已经束之高阁好几天，我总是陷入自证的推理之中。可能我的迅疾的思考让你更多地想到艺术家和艺术，特别是想到我的诗歌的主要缺陷及如何修补它们，你是如此善良，一有机会就会告知我。

生活幸福，最亲爱的诺伊菲尔！我一到拉施塔特马上再给你写信。

你的

荷尔德林

# 无论怎样变化，爱对认知都不会羞怯

致伊萨克·封·辛克莱 　　　（赫尔山前的霍姆堡，1798 年 12 月 24 日）

我的尊贵的：

我这么长时间没有给你写信，这段时间我对此有点半心半意，因为迄今我的那些工作，因为中断而更愿意投入，比平时更占据我的时间。对于我，如你经常看到的，很容易把一切放下，假如你此刻在我面前，但是，当万能的当代没有施加它仁慈的压力，它进行得更慢了。

对你的来信，我万分感激。那个波莫瑞人的来访[1]让我特别高兴，因为那是我真正的收获，一个如此纯粹的人以他的方式再次出现在眼前，他的容貌和品格仍然持续地在我心中出现。然后我非常焦急的是，能再次听到你们的消息。自从我从拉施塔特返回，我获得了很强的信心和勇气。当我想到你和我的新朋友们一起，我更清晰、更确信地亲眼看见你，你知道，这样的关系多么像我们的一样，确信人能够互相理解并且信任亲眼所见。无论何处，只要像我们一样打下一个基础，一个人对另一个有全面和深刻的感觉，依据他的品性，他必定会保持其中，那么，无论怎样

---

1. 波莫瑞人的来访（Pommereschen Besuch），荷尔德林在拉施塔特结识的穆尔贝克。

变化，爱对认知都不会羞怯，于是人们完全可以说，在这种情况下，信心与理解共同成长。于是，我的心灵为此兴高采烈，这当然是真的，尽管要苦行以获得生计，但仍然有不止一处，以它高贵的充裕表达自然，因此在你的精神之外，我也能召唤另一个来验证我自己充满疑惑的心，它曾有几次想站到不可思议的群氓一边，而拒绝人群中的上帝。仅仅说到他们，那些你的和我的，有时候我想起他们，那对于我，仿佛在我心上，除了我和几个孤独的人，一无所有，徒有四壁，而他们对于我，就像一曲旋律，当邪恶的魔鬼企图控制一个人的时候，他借以避难。我所说的都是完全真实的，但它并不让我喜欢，当我如此彻头彻尾地谈了几个杰出人物并且感觉很好时，假如我要做得充分，我必须给每一个人写信。

我这些日子一直在你这里阅读第欧根尼·拉尔修的作品[1]。我也在这里体验了我已经多次遇到的事情，也就是人类思想和体系的暂时和变幻不定令我顿悟，它几乎是悲剧性的，而不是人们通常认为的那样，命运是真实的，假如人在他最自身的、最自由的活动中，在他独立的思想中，仍然依赖外界的影响，假如他仍然总是被环境和天气所修正，正如它无可辩驳地表明的那样，那么，他在哪里还有一个主导？那倒也好，甚至一切生活和一切组织的首要条件是，没有一种力量可以在天空和大地主宰。那绝对的主宰在所有的地方取消了它自身，因为它是无客体[2]的；从严格的意

---

1. 第欧根尼·拉尔修的作品（die Lektüre Diogenes Laërtius），据认为，阅读拉尔修的作品是创作悲剧《恩培多克勒》的灵感来源。
2. 无客体（objectlos），荷尔德林 1795 年 1 月 26 日在致黑格尔的信中谈到"自我无客体"（Ich kein Object）。

义上说，它也从未出现过。一切都交错纠缠并受苦，正如它是活跃的，人的最纯洁的思想也是这样，被带入一切尖锐之中的，是一种原则上的、彻底独立于一切经验的哲学，正如你所知，愚蠢至极的是，它是一种积极的启示[1]，启示者所在之处，仅仅做所有的一切，而被给予启示的他，却不允许移动去获取启示，因为，否则他可能会把自己的某种东西带入其中。

　　每一件作品和成果，都是主体和客体、个别与整体的产物，这是因为，成果的部分，即个人在成果中的部分，不可能与整体在成果中的部分截然分开，由此可以清晰地看到，每一个个体与整体之间的联系多么亲密，两者如何一起构成了唯一的生气勃勃的整体，而整体又逐步逐步地个体化，它包含的无非是独立性，但是仍然亲密地和永恒地结为一体。当然，从无限的视角，整体中的某些个体的力量必定成为主导的力量，但是它只能被认为是暂时的并且逐渐地主导。

　　（以下遗失）

---

1. 积极的启示（positive Offenbarung），荷尔德林认为存在一种"积极宗教的启示"（Offenbarung einer positiven Religion）。

# 英雄不能因为他的名字被千万人提起的
# 喧嚣而更加不朽

齐格弗里德·施密特致荷尔德林　　　　　　（巴塞尔，1799 年 5 月 13 日）

　　敬爱的，我在此寄给你一种形式的遗愿[1]，请求你把它公开展示。人们会从所有这些小的特征中，汇合成一幅你的朋友的形象，如果他不得不过早地进入阴影，他将不会完全消失并被人遗忘。如果一个人经常被人想起，而不是出于名利，被完全承认为不寻常的灵魂，与大众如此不同，那就是不朽的感觉。英雄不能因为他的名字被千万人提起的喧嚣就更加不朽。这就是我对上一封信的感觉[2]

（5 月 22 日）

　　我突然想到一个机会把那份手稿寄给你，但是我最近给你写了以后，实在没有时间把它重新读一遍。

　　想办法让这个与公众见面，即使它可能要在死后才出现。假如有人给你稿费，我也许可以把它用于新的业务，所以你把它寄

---

1.《遗愿》（Vermächtnis），施密特把他的这首诗寄给荷尔德林，让他想办法发表，荷尔德林于 1799 年 8 月 23 日建议斯泰因考普夫（Steinkopf）予以出版。
2. 此段不完整。

给我。军方迄今还没有准许我的旅行；如果我离开这里，你肯定能及时收到消息。

向辛克莱致以很多问候。

保重，亲爱的。对于我期待的大部分事情，以及我说过的大多数事情，我都想得很多很多，这就是我的方式。如果事情是另一个样子，那么不久我们见面时将是更加紧紧地、更加快乐地拥抱。

齐格弗里德·施密特

# 萌生了出版一份文学期刊的想法

致诺伊菲尔 （霍姆堡，1799 年 6 月 4 日）

亲爱的诺伊菲尔！

你肯定可以把我的一些稿件[1]计算在内，我将根据你的意愿，也提供一些散文体的。可能我能给你寄一些我交往的或者有通信联系的熟人的作品。我祝愿你的第二个儿子活泼健康，充满力量和魅力，假如他是我的儿子，我就这样祝愿他。

我有一个想法，编辑一本诗歌月刊[2]。因为第一年的主要材料，出自我自己的手的就有这么多，大部分已经就绪，按照我现在的生活方式，我完全能够与这个企业生存，所以我希望予以实施。因为我还没有就这件事与任何人签署某个合同，所以我请求你把此事告知斯泰因考普夫先生，他是否有意尝试此事。这本杂志将至少包含一般有影响力的诗歌，其余的文章将是历史和艺术评论。第一期将包含我的悲剧恩培多克勒之死[3]，这个悲剧我已经

---

1. 稿件（Beiträge），在一封遗失的信中，诺伊菲尔请荷尔德林为《1800 年袖珍书》赐稿，但荷尔德林并未给予一篇散文稿。

2. 诗歌月刊（poetische Monatsschrift），荷尔德林希望像席勒编辑《时序》那样，做一个类似的项目，通过其他的收入使自己独立。然而这个计划在半年后即告失败。

3.《恩培多克勒之死》（Tod des Empedokles），荷尔德林创作的悲剧，但是仅完成了第二个草稿。

写到了最后一幕，还有抒情的和悲歌的诗歌[1]。其余的文章将包括：（1）新老诗人具有典型性的生活经历，他们成长的环境，特别是每个人的艺术特质。例如，有关荷马、萨福、埃斯库罗斯、索福克勒斯、贺拉斯、卢梭（作为爱洛依丝的作者）、莎士比亚等。（2）展现他们作品的特质之美，或者这些作品非同寻常的部分。例如，论《伊利亚特》，特别是阿喀琉斯的个性，论埃斯库罗斯的《普罗米修斯》，有关安提戈涅，索福克勒斯的俄狄浦斯，贺拉斯的独特的颂诗，有关爱洛依丝，莎士比亚的安东尼乌斯和克丽奥佩特拉，论布鲁图斯的个性及在《尤利斯·凯撒》中的卡西乌斯，还有《麦克白》等。所有这些论文都尽可能以生动且特别有趣的风格，大部分以书信体写作。（3）论述朗诵、语言，论述存在及各种风格的诗歌艺术，最后是论述普遍美的、深受大众喜爱的说理论文。我能以清澈的良知保证，所有这些论文，特别是后者，至少在观念上远远没有过时，我相信，在我心上仍然有很多真理，它们可能有益于艺术，并且取悦心灵。（4）还将提供新的、特别有趣的诗歌作品的评论。我希望能得到《阿尔丁海洛》的作者海因策、海登莱希、博特维克、马提松、康慈、齐格弗里德·施密特的稿件，假如你也能奉献什么的话。

　　贯穿这本杂志的主基调使它适合于出版者先生给予它这样的标题：一本具有美学内容的、女士阅读的杂志，如果他认为好的话。就其精神而言，我相信我应当说，它比其他的很多杂志更倾向于道德培养和真正的娱乐。

---

1. 抒情的和悲歌的诗歌（Gedichte, lyrische oder elegische），很可能是颂诗（Oden）和悲歌（Elegien）。

这本杂志每月一期，四个印张，印刷不那么紧密，以八开本形式出现。出版者先生会通知我，假如他愿意的话，但必须在一个博览会的至少三个月之前。

稿酬的确定我根据理性和公正的原则。我要多说一句，我将完全为合作者的生活着想并以此获得自己的生计，另外，我节俭的生存绝不会像出版《时序》的伟人那样耗费。为使这本杂志畅行和载誉，我将付出我的勇气和勤勉和所有的力量，我将努力持续地在每个年度至少含有一部伟大的诗歌作品，例如悲剧或者小说等。

假如斯泰因考普夫先生决定和我一起冒这个险，我将愿意向他保证，我将把其他杂志向我提出的合作要求搁置一边，而向他的妇女日历每年至少免费提供四个印张。

我将让他自行决定，经过一段时间之后，以书的第二版相联系为条件，重印杂志中我的文章。

我承认，斯泰因考普夫作为你的朋友和我的熟人，我能与他建立这样的联系让我特别高兴，即使我不能假定他对我有充分的信任，但我还是有必要作出这样的决定，把我的计划告诉他。假如他认为这有利可图，那么，我与他已经建立了联系，我这方面向他提出建议是适宜的。假如那对他无益，那么我为此对他保持沉默也是好的。代我向他致意，把我的信也给他阅读。

原谅我让你做一回中间人。假如我不知道，你已经发现我在所有的事情上都能为你服务，我就不会做这件事。在任何情况下我都会给你寄所有已经许诺的文章。那些散文化的文章将包含有关泰勒斯和梭罗和柏拉图的文章，它们为人们所熟知，通俗易懂，而不是干巴巴的陈述。要为女性日历提供真正的道德论文，对于我是很难的，假如我不是过多或过少地发自内心和从我的信念来说的话。

我真诚地请求你，尽可能最快地对这封信给予答复和消息。

你的

荷

荷尔德林 1799 年 6 月 4 日致诺伊菲尔的信

# 你越来越多地献身于诗歌，我真心感到高兴

致诺伊菲尔　　　　　　　　　　　（赫尔山前的霍姆堡，1799 年 7 月 3 日）

　　我没有完全兑现诺言，亲爱的！你得到的允诺[1]比我想的晚了一个星期。我不得已做了几天的旅行，此时我也对我们的好男孩子说，他现在出息得挺好。他想把他的论袭相的文章给我用在杂志上。有几篇用作评论文章还是很好的。

　　我想要有机会跟你谈谈有关我写作《艾米莉》的手法和风格，如果你感兴趣的话。你完全可以想到，我不得不急于求成的那种仓促，我能够用来表达的诗歌类型，我久已苦心孤诣地规划的，却不能像我希望的那样表达，可是，为了让它的优点得以感觉，它却是必需的，很显然，尤其是在材料上，却不是真正英雄主义的。我不在乎它是否表面上显得新颖；但是我越来越多地感觉并观察我们如何在两个极端之间摇摆，规则的缺失和盲目地服从旧的形式和限制，以及与之相关的错误的应用。因此不要相信我是专断地选择了自己的形式并且为之辩解；我在审视把我引向此处或别处的自己的感觉，我在问自己，我选择的形式，特别是它处理的材料，是否与理念不相适应。当然从总体上我可以说是正确的，但我在实践中的

────────────

1. 允诺（Versprochene），荷尔德林曾答应诺伊菲尔，向他的《袖珍书》提供稿件，但荷尔德林附上的仅有他的诗《艾米莉》和博伦道尔夫的一些诗。

确很容易陷入误区，因为我紧紧跟着自己走，而不能依据感觉的模式。但那也实在是别无选择；正如我们有时候处理一种仅有的、不那么现代的材料，所以，我认为，我们不得不放弃那些陈旧的、古典的形式，它们如此契合它们的材料，却与其他的南辕北辙。[1] 当然，我们已经习惯于，比方说，一个爱情故事与一个悲剧的叙述形式完全不同，它在老一代的人内心的表述和他们英雄主义的对话与一个真实的爱情故事毫不相称。如果人们这样坚持英雄主义的对话，那么，似乎相爱之人总是争吵不休。如果人们放弃它，那么，这种语气就与悲剧的实际形式相矛盾，于是这种形式当然也未能得到严格的维护，对于我们，反而因此失去了它特有的诗意的价值和意义。但是人们想要的仅仅是感人的、震撼的段落和情节，作者和观众极少关心整体的意义和印象。因此，一切诗歌形式的最严格的形式，都是不事任何修饰，几乎完全被安排得高调、和谐地交替而行，在此它自身即是整体，并且高傲地拒绝一切突然的变故，它的生气蓬勃的理想的整体，既简洁并同时在材料上尽可能地完整和丰富，因此，它比所有一致的诗歌形式更加清晰，同时也更加严肃——值得珍惜的悲剧形式已经被贬低为偶尔说一些闪光的或者温柔的话语的一种手段。但是，如果人们没有选择好与形式相配的材料，并用这些匹配的材料保持心灵和生活的独立性，那么人们如何用它来着手呢？那么，它像其他一切形式一样，已经死了，假如它失去有生命的灵魂，形式出于灵魂，形式像一个有机体的结构为灵魂服务，并从灵魂中原初地构建而出，例如，它就像我们帝国城市

---

1. 从此处开始，一直到"在艾米莉的手稿中"，系荷尔德林在创作悲剧《恩培多克勒》中获得的观点，这些观点后来用在创作他的"悲歌"中。

中的共和制形式一样，已经死了并且毫无意义，因为人们根本不需要它们，也极少愿意谈论。

所以现在就这样制作了悲剧的材料，以便以一种响亮的、独立自主的音调前进并且和谐地演变，以事件的尽可能大的蓄积，展现强有力的、意义重大的各部分为一个完整的整体，因此，那些多愁善感的材料，比如爱情，就十分适合于此，尽管它们不能以一种洪亮的和自豪的、坚定的语调来表达，而是决定性地背弃突发事件，采用事件的精致的、羞怯的部分，以深沉、充满悲歌意蕴的、含情脉脉的曲调，这种曲调因为它们表达的殷殷渴望和期待而意味深长，以便和谐并且交替地演进，一个活生生的整体的理念，尽管不是以各部分的紧绷的力量，以这种短促的简洁明快，令人着魔地勇往直前，而是像心神和爱神那样款款而飞，以亲密的简短精练来展现，那么现在唯一要问的是，以何种形式能够做到最简洁、最自然、最真实，让爱的美好精神有它自己的形式和风度呢？

原谅我，假如我用这种含混不清的牢骚让你感到乏味。我如此孤身一人生活，我现在常常愿意在闲暇时光与一个住在附近的、无拘无束的朋友就某些话题进行笔谈，如你所见，那使我比那些可能舒适惬意的人更好唠叨。我其实没有什么要对你说，我对自己说的，比对你说的更多。

假如你越来越多地献身于诗歌，我真心感到高兴。我日益感觉到，这个时代给我们加上了一种如此巨大的印象的重负，以至于我们只有通过一种经年日久的活动，持之以恒地推陈出新，也许才能最终产生自然原初示意我们去做的，而那些东西在其他的情况下也许可以做得更早，却难以成熟得能做到完美。如果对于我们两人都如此神圣的天职要求我们，那我们将有必要作出完美的牺牲，如果我们哪怕有一刻拒绝对缪斯的爱。

当你的喜剧正在上演，你在热情的观众之中感觉到自己作为原动力[1]，那对你一定是一个幸福的夜晚。它已经刊印了吗，我在法兰克福能买到吗？

我希望你的袖珍书能有很多快乐的合作者。假如你对稿件的数量不满意，宁可看到由我来填补空缺，我愿意非常高兴地再给你奉献一个八天，当然这是一种应急的情况，否则那就是我的武断的声明。

在《艾米莉》的手稿中，在抑扬格短诗之间留出的间隔，请你费心正确地印刷。

不要为题目烦恼；相比诗歌，多写一点序言是必要的，假如我可以用几句话代替一个序言，那就告诉我，对于读者来说，那仅仅是艾米莉生活中的一个片断，而诗人却需要一个完整的传记来聚焦一个关键的时刻——我为什么不可以呢？

写这种尝试性的东西，我行笔如飞，所以我应当对你说，我心里很清楚，我所说的理由既非戏剧性的，也非全诗歌的。

晚安，亲爱的！代我问候斯泰因考普夫！以及我在斯图加特的所有朋友和熟人，劳驾你，让他们中的一些人给我写信，你也尽快给我写！

荷尔德林

---

1. 原动力（die erste bewegende Kraft），荷尔德林以亚里士多德的"第一推动者"（der erste Bewegende），即一切运动的推动者，暗指诺伊菲尔的喜剧给观众带来快乐。

# 著名人物的加入是重要的

斯泰因考普夫致荷尔德林[1]　　　　　　（斯图加特，1799 年 7 月 5 日）

……

我请求您毫不拖延地写信给在耶拿的席勒、封·洪堡、歌德、施勒格尔，在魏玛的蒂默尔、马蒂森、赫尔德、普菲弗尔、谢林、索菲·梅乐傲、法尔克，在布拉格的迈斯纳尔和在柏林的拉方丹，最后的两位是为短篇小说的写作供稿……尤其是席勒的加入和名气是根本的。如果这些人仅仅提供某些东西，那也足够了，他们的大名是最重要的，假如没有他们之中的一些人，我很难相信这个项目能够在销售上获得成功。因此，我请求您而不是烦劳您，我的最好的，如果您不能很快收到回复，那就再写。

……您在《1800 年袖珍书》上的文稿和诗将对《伊杜娜》的推荐产生无可估量的影响。

---

1. 此信经节选。

# 请求席勒为拟议中的文学刊物赐稿

致席勒[1]　　　　　　　　（法兰克福附近的霍姆堡，1799 年 7 月 5 日）

最尊敬的，您一直以来对我的宽容，以及在我心中不断成熟的对您的顺从，才让我有了这么大的信心，向您提出这个冒昧的请求，假如我肯定能预见到，它会让您有不屑一顾的目光，我确定就会把它搁置。也许我的愿望使我一叶障目，而理智告诉我，实现这个愿望对于我是多么重要；所以我有一切理由，事先请求您原谅，即便它真的会让您不悦。

假如我如此珍视您的保护，以至于我不需要它，那我就不会为此请求您，或者，假如我如此需要您的保护，以至于我不珍视它，那我也不会请求您。但我相信，既然这一请求是如此必需和值得，那么，希望它得到谅解。

我想把我文学的和诗歌的尝试，逐步地在我手头正筹备的一本人文主义杂志上发表，并且继续这种尝试，我宁愿等一等并且看看，我是否能最终做成一个产品，使我能够更加确定它的价值并获得幸福，假如环境能够给予我所需要的安静的独立性的话。所以我必须给出一个样本，它更多的可能是允诺，而不是成就某

---

1. 这封信直至 7 月 17 日才抵达席勒处，很有可能是博伦道尔夫 7 月中旬到耶拿旅行，捎带了此信。

件事情，面对观众，我不能缺少一位久负盛名的大人物的权威，假如我并非一定遭遇挫折，因为我对自己和时代有所了解。

因此我很自由地请求您赐予一些稿件，假如您认为，这样在公众面前把您的厚爱和善意的象征给予我不会有损您的尊严。

请您相信，最尊敬的！我对您的敬仰如此真诚，我的冒昧不应当成为我的沉重负担。我不能把它做得很得体，因为我宁愿认为，现在我已经做出了这个危险的请求，想要又一次更加随意和无拘无束地表达对您的感谢，可是我却说不出来，因为多年以前我第一次见到您，并且通过与您不能忘怀的交往，通过您在这个世界上存在的每一个标记，已经变得铭心刻骨。

如果将来我能够实现某个有意义的目标，只有到那时候，我才能真正地对您说感谢，因为只有某个对您有更高的[1]价值的人对您说的感谢才能让您真的高兴，而我也才能证明我的冒昧请求是正当的。

假如您认为，不这样引人注目地赞同我的计划更好，那么，您回复我，即使尽可能地简短，也是您的善意，因为假如您保持沉默，我必定要责备我自己的莽撞，这会比任何您可能会说的，对我都更加严厉。

假如您能喜欢，我将给您寄上第一期的手稿作为样本。

以我最真诚的敬仰

---

1. 更高的（höheren），在手稿中没有这个词。

您的

荷尔德林硕士

我的出版人[1]与我一起共同作出他的请求。

我很高兴地附上我的地址：

格拉泽·瓦格纳的住处

法兰克福附近的霍姆堡

---

1. 出版人（Verleger），荷尔德林选择的出版人斯泰因考普夫也于 7 月 27 日致信席勒，但未获回复。

# 恳求埃贝尔对拟议中的文学刊物的支持

致埃贝尔　　　　　　　　（法兰克福附近的霍姆堡，1799 年 7 月 6 日）

我的尊贵的：

　　这段时间我过于持久地和过于认真地参与您和您的事务，我都没有允许自己再次提醒您我的此在。

　　假如我在此期间对您保持沉默，主要是因为您对于我意味着很多并且越来越多，我与您的关系在某些方面更加重要，或者，至少在一种价值观上您可以用更加恰当的方式提醒我们的友谊，期望互相融洽。

　　现在，一个请求驱使我提前，而您不会因这种形式而认不出我来。我已经习惯于孤独，自从前年以来我一直孤独生活，为的是不被琐事缠绕，集中不受牵挂的精力，以实现某种比我过去的小的文学作品更加成熟的东西，由于我绝大部分已经以诗歌为生，所以，任何必要性和倾向都不会让我远离严肃的思考，我绝不会尝试让我的信念发展得更加确定和完整，而是尽可能地尝试它们在当前和过去世界中的应用和反映。

　　我的思考，绝大部分仅限于我过去所做的努力，即诗歌，迄今为止它还是有生命力的艺术，同时也显露出天赋和经验和沉思，它是理想的、理致清晰的，同时也栩栩如生，是个人的。

　　这引导我从总体上思考艺术和教育及教育的动力，思考它的原因，它的方向，它所创造的形式及它所起的作用，它如何仅凭直觉，却常常正确，它常常出现在形形色色的歧路上，在荒野上，在讽刺漫画上，却也有更多缜密慎思，却更加平实可靠和精粹纯洁的理念，但是在一切事物中，作为一种艺术和教育的动力，把源自对于所有个人都是纯真的努力组织起来并且理想化，培育、布置和修饰他们自身的和周围的自然的元素，以促进生命的生长，直接地或间接地加速世界的进程。在人类共同的品格和人类生活的观念中，迄今为止，它承载着共同的、纯粹的和芜杂的品格，既在本质上高贵的方向和形式中，又在低劣的和非本质的方向和形式中，我相信，我将不得不确立迄今人们在人文主义下已经清楚地理解的及尚未确定的东西，我还相信，我考虑诗歌及其观念作为艺术的一种自然的产物，可以看作人文主义的一个分支。

　　以这种方式，我手头的材料给了我机遇，筹划一本人文主义的期刊，它的基本特征是诗歌，然后也有艺术的启蒙，在它的艺术作品中要展示它的组织，既有一个确定的特征，也展示它的理念的意义，它的语调的和谐转换，既有一般的展示，也有对特定材料的关注，以及艺术作品被看作从自然和生活中产生、从诗人的灵魂及自身品格中形成、从其周围世界中产生的，因此，杰出作品在它的精粹中剥夺了积极之物，在它的偶然的特性中剔除了特别的及不讨人喜欢的异己的东西，以至于它的永恒的东西，它所承载的时代和诗人的痕迹，人们越来越习以为常，以及它们自身的构建和设置和组织，越来越觉得与艺术家和艺术作品很近。

最终，这本杂志从总体上说，应当从人文的观点观察和推理，从人的生活特征和习俗和意见和形式中产生，从一个共同的源泉中涌出有组织的构建的动力，它的基础，多样的和亲密的栩栩如生的人的本性，但是要区分高贵和变异，清纯和迷惑，既引人向善，又丰富多彩。

请您原谅我这番饶舌的开场白，我的尊贵的！但是对您的敬重不允许我向您即兴通报我的计划；我认为，把那个大部分为我自己起草的计划以及我现有的资料，如此肯定地告知您，是不太得体的；我只是想把这本杂志的特征以及人们称之为精神的东西，粗略地触及，在这件事情之前所能做的，是向您证明，我的项目不是无本之木和心血来潮，而是比我眼前的作品更幸运的，而我，就我对您的精神和观念的熟知和预感，在意向中至少毫无对您的冒犯。

您以罕见的完整和精明，通观和洞察人的本性，其包含的形形色色的特质和方向，以及其自身所表达的习俗和意见和形式，它是如此多样、忙碌，假如有一个开放的世界，无论大小，用以观察和思考，那么，经过更多严肃认真的努力，要接受这个观点是不困难的，通过您的大名和您的参与，促进一项可能服务于人类的事业，使人毫无轻率和牵强地相互接近，把他们各种形式的活动和生活统一到一个精神之下，在和谐之中变换，在宁静中生动活跃，使他们稍稍脱离总是停止在一个点上的可怕的利己主义限制，让社会的灵魂得以舒缓并且更快地流转。

在任何情况下，永志不忘的朋友！请您谅解我，我以这种古老的信任求助于您并且对您说出这样的愿望。

您对瑞士山民的描述使我对您的稿件特别地充满期待。

我能否请求您，代我向居住在巴黎的封·洪堡先生致意，并以我的名义请求他能否并且更经常地参与，假如这不可能，仅仅通过几篇稿件批准和促进我的努力。其他声誉卓著的作家的善意的参与，才允许我向有名望的人发出这个请求。

我本来应该有这个自由，向他发出书面的请求；但是因为我没有那个荣幸与他结识，所以我相信需要您的说情。——也许您对他的居住至少十分了解，您有那样的善意，把它告知我。

为尽可能地让我自己的稿件成熟，也是为通过生动的、易于普遍理解的语调和演奏赋予杂志所需要的价值和幸运，我将尽一切努力，假如您和他认为参与此事不会有违您们的尊严。——

斯图加特的旧书商斯泰因考普夫已经表示愿意作为出版商，并在这件事上对我十分理解，由于他是一个新手，对他的参与如此执着和诚实，他可能为每个印张支付给每个合作者至少一个卡罗林。尽管我几乎完全倾向于以它为生并为此而生，我仍然相信我不应该再对自己有更多苛求，虽然我作为一个作家已经没有多少幸福可言，我极其有限的生活方式也不要求更多的收入。但是我把它留给他的感激和聪明，为合作者做出一个例外，其程度由他而定。——请原谅，我也对您说了这些。但既是属于这件事的，那就为这件事承担责任，假如没有这个搭配，就是不可理解的。

假如您有善意，我的尊贵的！至少很快以任何一个回复让我感到高兴，请您相信，我一如既往地尊重您并且更加尊重。

您 的

荷 尔 德 林

我 的 地址：

格 拉 泽 · 瓦 格 纳 的 住 处

法 兰 克 福 附 近 的 霍 姆 堡

# 恳请谢林为拟议中的文学刊物赐稿

致谢林 （1799 年 7 月）

我的尊贵的：

最近，由于我对分享你的事业和你的声誉[1]过于忠诚和过于认真，我一次也不允许自己向你提到我的存在。

在此期间，我一直对你保持沉默，这主要是因为你对我很重要并且越来越重要，我任何时候都与你有一种更有意义的关系，或者，在一种价值的程度上可以提醒你以更适宜的方式对待我们的友谊，对此，我希望得到你的回应。

现在一个请求驱使我更早地找到你，而你不会以这种方式不认我。我已经习惯于孤独，从去年以来我就一直住在这里，为的是不要分散精力，而是以集中的、无所依赖的力量实现某些比迄今已经发生的更成熟的东西，假如我已经很大程度上靠诗歌生活，那么，必要性和倾向性不会让我如此远离科学，我也不会尝试培育我对更大的确定性和完整性的信念，而尽可能地应用和作用它们于当前的和过去的世界。就主要的部分来说，我的思考和

---

1. 声誉（Ruhm），谢林发表在尼特哈摩尔的哲学杂志上的论文及 1797 年发表的《一种自然哲学的观念》（Ideen zu einer Philosophie der Natur）和 1798 年发表的《论世界灵魂》（Von der Weltseele）所奠定的声誉。

研究局限于我自己首先着力的诗歌，目前来说，它是有生命力的艺术，同时出自天赋和经验及思考，它是理想的、系统和个人的。这引导我从总体上思考教育和教育动因，研究它的原因和目的，迄今它还是理想的并且是积极地构建的，迄今它意识到它的动因和它发自理想的它的本质，迄今它仍然是本能的，但是它本身的内容表现得像艺术和教育的本能，等等，在我调查的结尾我相信了所谓的人文主义的观点（迄今它更多地被看作在人类本性上统一的和公共的，它们的方向却是明显区分的，但是当然因为显著地小而可以忽略），比我迄今已经了解的要更加坚实并且更加包容。这些材料促动我创办一份人文主义 [1] 的杂志，它的基本的性质是诗歌的，当然也有有关诗歌的历史的和哲学的指导，最终，总的来说，它是从人文主义的观点进行历史和哲学的指导。

原谅我这个佶屈聱牙的开场白，我的尊贵的！但是对你的尊重让我不能突兀地向你宣布我的打算，似乎我在我的业务上欠你某种程度的解释，尤其是根据我迄今的作品，我很容易地担心，你从前在我的哲学和诗歌的力量里植入了信心，而现在，当我需要给你做一个排练，却已不再拥有从前那么强的信心了。

你以唯一和罕有的完整性和机敏，洞察和拥抱了人的本性及其要素的本质，你会发现很容易把你自己置于我更局限的观点之上，并且批准一项可能通过你的大名和你的参与进行的事业，服务于使人们没有草率而为和勉强调合地互相靠近，不是不严格地对待和敦促个人力量和方向及其本性的关系，而是以尊重这些力

---

1. 人文主义的（humanistische），荷尔德林接受斯泰因考普夫的建议，将拟议的杂志定性为人文主义的。

量和方向和关系中的每一个，尝试使他们相互理解和相互感觉，他们如何亲密地和必要地联结在一起，以及如何仅以其卓越和纯正的眼光看待他们中的每一个，以便于看清，只要各自都是纯粹的，就无非是矛盾的，但是每个人本身就已经包含了对相互效力与和谐变化的自由需求，灵魂在所有成员共有且特定于每个成员的有机结构中，它不允许一个人单独存在，没有器官，灵魂即无法存在，没有器官也就不会有灵魂，假如它们两者分离，都将非有机地[1]存在，则两者必须致力于组织起来并且预设教育本能。我允许自己把这作为隐喻来说。但是这并不意味着，无材料的天分没有经验就不能存在，而无灵魂的经验没有天分也不能存在，而是，他们有教育自身的必要性，并且通过判断和艺术构建他们自身，使他们自身结合成为一个充满活力的、和谐变化的整体，最终他们所由产生的有组织的教育和艺术，同样不能存在，并且，假如没有他们内在的元素，即自然的安排，即天分，也没有他们外在的经验和历史的学习，同样是不可思议的。

我只想粗略地触及一下这本杂志最一般的性质，人们称之为精神。我将努力使之在文字和格调上尽可能易于理解。

我不认为这是完全恰当的，那个我必须自己起草的计划，或者那些我已准备好要给予你的材料，对你有什么确定的意义，至于我从别的方面进行的那么多的尝试，在这个事情之前我让人们去做的这么多，都是为了向你证明，我的项目绝不是无根据的和心血来潮的，与我迄今的作品相比，也不是更多地想碰运气，我

---

1. 非有机地，原文为 aorgisch，但德文中并没有这个词，根据上文中关于灵魂和器官相分离的表述，可能意为非有机的（存在）。

对你的精神和观念有这么多的了解和预感，我至少绝无冒犯你的倾向。

我将满怀希望等待你的答复和你对这件事的看法，然后，如果你问我，要我提供有关这本杂志的精神和组织的更多细节，包括我必须自己起草的计划，以及告知你可能的和现存的材料。

无论如何，我的青春的朋友！你要原谅我以旧的信任求助于你，并且向你表达希望通过你参与和加入这件事让我保持勇气，正如我应当向你承认的，经过我的状况和其他的环境，我的勇气已经遭受了很多的打击。我将尽一切努力，通过让我自己的稿件尽可能地成熟，也通过成就卓著的、令我崇敬的作家善意的参与，给予杂志应有的价值，倘若你能出于良知和读者的期待至少答应奉献你的大名，那么，即使你不能也不愿意为这一年的杂志奉献你的大作。

旧书商斯泰因考普夫已经向我表达了他对这件事的意愿和理解，因为他是一个开创者，他的本分上表现得持之以恒并且诚心诚意，他承诺保障每一个合作者的报酬，我给他规定了一个条件，每个印张付给合作者至少一个卡罗林。虽然我几乎已经打算要靠此生活并且为此生活，我仍然相信，我已经不能对我本人有更多的要求了，因为作为作家，我已经如此没有幸福，我非常局限的生活方式也无法要求更高的收入。但是我还是把它托付给他的感激和聪明，允许他对合作者有例外，程度由他决定。——原谅我还谈到了这个。但是，既然它也属于这件事，那么，假如没有这样一个搭档，这件事就不能存在，要受到谴责了。

行个善，我的尊贵的！至少尽快以任何一种回复让我高兴，我相信，我过去和现在仍一如既往地并且越来越尊重你。

你的

荷尔德林

附：我的出版人也和我一起表达这个请求。

我的地址是：

格拉泽·瓦格纳的住处

法兰克福附近的霍姆堡

# 请求歌德为拟议中的文学刊物赐稿

致歌德[1]　　　　　　　　　　　　　　（霍姆堡，1799 年 7 月）

最尊贵的：

我不知道您是否还记得我的名字，它对于您如此不起眼，何况还要阅读我的一封信和一个请求。

您的伟绩和盛誉对于我求助于您的那项事业是如此有益，以及我记忆中多年前您优雅现身的令我无法忘怀的几个小时，给了我足够的信心，假如我得不到我期待的您的赞同的答复，我不会失望地离去。我想要出版一本人文主义的杂志（在几位作家的参与下），它起初最基本的性质是诗歌的，既有实践性，也有指导性，未来它还将是有关各种艺术的共同理念，有关诗歌音乐和诗歌写作的特殊性，包含更多一般的论文，但是随后也聚焦老的和新的各种各样的杰作，并且尝试表现每一件作品如何构成理念的、系统的和特点的完整，它出自诗人的活的灵魂和活的世界，萦绕着他，并通过他的艺术构建成他自身的一个组织，即自然中

---

1. 此信系未完成的草稿，经节选和摘要。由于荷尔德林未完成草稿的誊清，因此不能完全肯定，此信确定是写给歌德，亦可能写给赫尔德或洪堡。信中如下的一段："它出自诗人的活的灵魂和活的世界，萦绕着他，并通过他的艺术构建成他自身的一个组织，即自然中的自然。"被理解为暗指歌德对艺术的看法，歌德不久前在《论艺术作品的真实性和可能性》和《狄德罗论绘画的尝试》两篇论文中阐述过这样的看法。

的自然。

于是理性论述的论文也会扩展到艺术和教育的动因，杂志的性质总体上将是人文主义的。

我只是向您描述一下这本杂志的精神和性质，我希望，至少它的倾向不会冒犯您。

您的支持给予我的荣耀，对我有那么重要，这项事业及读者也从中获得那么多，我的冒昧本身将会向您证明。假如没有这些，我肯定不敢向您提出这一请求，因为您的否定的答复或者完全的沉默对我意味太多，置我于孤单。我将尽一切努力，通过让我自己的稿件尽可能的成熟，以及我崇敬的作家们善意的参与，给予这本杂志所需要的价值，

# 一个快乐的瞬间多么有益于我的工作

致诺伊菲尔                                （霍姆堡，1799 年 7 月下半月）

　　我在此寄给你几首诗，亲爱的诺伊菲尔！我希望，它们不会
让你感到不适。因为我眼下很长时间一直不能停下手头正在做的
工作，所以我把一直放在这里的给你，猜想它们对于袖珍书不会
是完全无价值的。假如其中一些可能太不受欢迎，它们可能适合
于更严肃的读者，并与那些常常喜欢谴责我们的作品取悦大众的
人和解，而相反的口味则使它成为一个营生，即所有不是真正愉
悦的，一律随手扔掉。此外，一旦我知道那个杂志项目不会失
败，我将寄给你一篇短篇小说。你可以自己看见，在相反的情况
下，我将多么有必要节省我的时间和我的作品用于一个别的计划。

　　代我向我们的朋友斯泰因考普夫致意。无论如何，通过我的
项目与这样一个高贵的人相识，我都感到高兴。感谢他最近的友
好的来信；我也应该即刻给他回复；但是因为我决定给马提松的
信还没有写，所以我要把这封信推迟到下个邮政日。

　　我很高兴可能不久就能看到你正在写作的那个小小的爱泼皮[1]了。

　　对兰道尔我很满足。请再次以我的名义向他致谢并且感谢他

---

1. 爱泼皮（Epopee），诺伊菲尔的诗《乡村一日》（ein Tag auf dem Lande），1801 年首次匿名
发表。

的友谊。

你在一个悠闲的时候再给我写些什么，能让我开心的，这样它就不会是白费；一个快乐的瞬间多么有益于我的工作。

代我向我所有的朋友致以问候，并请他们有时候也想想我。我本来想要多次问问你，我今年在袖珍书上读到的诗《认识这双手吗》等，是不是比尔芬格尔写的。它肯定绝不是平淡无味和没有诗意的。

那么，晚安，亲爱的！尤其要代我问候那位与你一起阅读塔西佗的你的高贵的朋友[1]。与他一起在法兰克福度过的一个小时是我不会忘怀的。

荷尔德林

我尝试在艾默里奇的一首诗[2]里引入更多的单纯与和谐。你将会发现，他的一些诗包含正确的思想。但是在一方面，音调转变不够，另一方面，它们和谐不足，没有形成一个有特征的整体，这也许是要原谅他的，因为这或多或少是我们时代知名诗人的命运。它们充满力量和材料，就我对他的了解，是不能否认的，一旦组织起来，他会成为一个卓越的诗人。博伦道尔夫是一个旅行的库尔兰人，他在这待了一段时间，但现在去了耶拿，为的是结

---

1. 朋友（Freund），诺伊菲尔的朋友林晓腾（Strick van Linschoten），是巴塔维亚共和国（die Batavische Republik）驻斯图加特的公使。
2. 艾默里奇的一首诗（in eines von Emerichs Gedichten），指艾默里奇的诗《命运》，诺伊菲尔将这一首诗发表于他的《1800 年闺房教育袖珍书》。

识那里的大作家们。

至于艾默里奇的别的诗，你仍然可以做一些必要的修改。

# 允诺写作一点点作为报答

谢林致荷尔德林[1]　　　　　　　　　（耶拿，1799年8月12日）

......

　　我现在刚好在一种状态和心情，只允许我写作很少的一点点，以报答你的来信。——也许我的使命能够发展得比我现在希望的更快——到那时，我期待能与你再次相见。

　　我拥抱你。

　　你的忠诚的朋友

谢林

---

1. 此信系节选。

# 向斯泰因考普夫推荐一份合作者名单

致斯泰因考普夫　　　　　　　（赫尔山前的霍姆堡，1799年8月23日）

这段时间我把允诺给你的信拖延了这么久，因为我一天比一天更期望，能向您提供一个合作者的完整名单。我能确定地对您说的如下：

*康慈*

*荣格（莪相诗歌的译者之一）*

*索菲·梅乐傲*

*海因策（《阿尔丁海洛》的作者）*

*内布教授（很多有趣的哲学文章的作者）*

*谢林教授*

*施勒格尔教授*

我希望尽快得到埃贝尔和在巴黎的洪堡的回复。我也相信，拉方丹不会缺席。您已经从马提松那里得到了回复，因为我听说，他住在斯图加特。对席勒的参与我有疑问。此外很大程度上取决于第一期的特质和形象，也许才决定他和其他人是否应当参与。

……

　　您能否一如既往善意地让我尽快地知道您的决定[1]，这样我可以不让我的合作者们如此长时间处于不确定当中，也让我的生活和工作计划有它的方向。假如您觉得事情处在有利的状况，那么，在收到您的信以后，我会立即把预告寄给您。

　　您已经表达了对我的善意的信任，今后您能够自行长期出版我的杂志，这样您也希望从中得到的价值是长期的，而不是转瞬即逝的。

　　您也许也想邀请豪格先生提供一些稿件？或者由我来做这件事，还是觉得您亲为好？请您代我向他致意，还有马提松先生，如果您要跟他说话。

　　我再次给您附上一位青年诗人[2]的一份手稿，您会发现，他在席勒的《年鉴》上是很优秀的，就我所知，他还得到席勒本人的很有利的评价。您也愿意把它刊用吗？

---

1. 因斯泰因考普夫未立即回复，荷尔德林又写了第二封信（此信遗失），但此信与斯泰因考普夫的一封信（也遗失）错过了。
2. 青年诗人（jungen Dichter），齐格弗里德·施密特，他请荷尔德林为他的作品《遗愿》找一个出版人。

# 作为您的一个正直的朋友，
# 我不能建议您做相同的事情

席勒致荷尔德林　　　　　　　　　　　（耶拿，1799 年 8 月 24 日）

　　最尊贵的朋友！我十分乐意满足您的渴望，给您的杂志投稿，假如我不是如此苦于没有时间，我的工作如此紧迫，以至于让我自己今年的《年鉴》没有稿件，或者为此筹措得十分贫乏，可能在将来把它完全出售，因为我必须与我个人的绝对独立性不相容的每一项业务彻底脱离。十六年来，我作为出版人周期性地写作文章的经历，所得慰藉却如此之少，因为我已经作为不少于五个的不同类型的交通工具，在暗礁密布的大洋上航行，作为您的一个正直的朋友，我不能建议您做相同的事情。我要加倍地回到我旧的忠告，您还是愿意安静和独立地专注于一个确定的活动圈子里。即使考虑到这很能挣钱，它对我们诗人也常常很难避开，周期性的工作方式也仅仅是表面上有利，对于一个没有名气的出版新手，要是没有自身能力的某种支撑，让他能够不断地有所进展，那绝对是不敢为[1]的。

我多么希望我不仅给予您我的忠告，而且也能让实施的手段更加便利。假如您想要了解我当前的状况，那我可能提出某个建议，更加符合您的愿望。

您生活幸福并确信我的至诚。

您的

席勒

---

1. 不敢为（nicht zu wagen），席勒收到科塔的来信，报告了歌德的杂志 Propyläen 中一个悲悯的段落，席勒于 1799 年 7 月 5 日回复说，"我从未想象德国人会如此可悲至极，一个一流的艺术天才倾注毕生研究成果的一个作品中，竟然不应当找到一个平常的段落。"同一天，他也给歌德写了相同的信，可见，他对荷尔德林的警告不应理解为蔑视他的计划。Propyläen：希腊神殿的柱廊式入口，柱廊。

# 我的青年时代，
# 善良的上帝还像一片奇妙的云将我包裹

致席勒[1]　　　　　　　　　　　　（霍姆堡，1799 年 9 月上半月）

　　最尊敬的，对我的冒昧唐突的请求，您的回复的慷慨大度，恕我不能向您表达我的感谢，我只能向您保证，您使我高兴的那些善意的话语对于我是真正的收获，远胜过我可能想要的任何别的帮助。一个大人物的祝福对于那些认识他的或者对他有期待的人，是最好的帮助，至少是我对于您的第一需要。长久以来，我就一直想要赢得您的交往和您善意的同情；因此我在您在场时退后并且保留有朝一日接近您的权利，假如我能够对您给予我的关注提出一个更加正当的要求，由于这个错误的自傲，我剥夺了自己受到您的教诲和鼓励的有利影响的机会，而这些是我比任何人都更缺乏的，因为我的勇气和信心特别容易受到平庸生活的不利发展的误导和削弱。

　　您在一段时间之前已经给予我的，并且在您上次的信中再次提及的宝贵忠告，已经让我不能再说别的什么了，我尝试训练自己极其严谨地使用最美好的语调，而不是任性轻率，我自然的、

---

1. 此信系未完成的草稿，写于 1799 年 9 月上半月。当时寄出的信与草稿之间有多大区别，无从查明。此信于 1799 年 9 月 20 日抵达席勒处，但未有回复。

不受干扰的感觉似乎已经最接近了，我尽自己最大的努力，首先坚定诗歌创作的任何一种方式，并且培养特质，在努力做到成熟老练这可能的唯一的财富之后，有朝一日赢得一个坚实的立足之地。我相信，那种能够在悲剧形式中以最完整和最自然的方式表现的语调，我竭力希望自己能拥有，我冒险投入了一个悲剧《恩培多克勒之死》，为这个尝试我付出了在这里居住的大部分时间。——我向您坦承，我不能毫无廉耻地作出这个承认，至少是对您。既然我已经多少更彻底地认识了悲剧的美，仅举一例，那个强盗的构建，在其本质上，特别是在多瑙河的场景¹上，作为诗的中心，对我来说看起来这么伟大和深刻及永恒地真实，我已经认识到培养这样的认识能力是值得的，因此我早就请求获得您的允许，书面向你表达我的想法——而您已经开始了——高贵的大师！——您的《菲斯科》²我也已经研究了并且现在正在研究它的内部结构，那个生龙活虎的形象，据我的看法那是作品中最具有生命力的部分，远远高于那些伟大的和如此真实的角色，还有那些光芒四射的场景及语言的神奇的色彩变幻，都让我倾倒。它们其余的部分还摆在我的面前，要以理解力来阅读《堂·卡洛斯》对于我还是不容易的，因为这么长的时间，我的青年时代，仁慈的上帝还像一片奇妙的云将我包裹，所以我还不会这么早就看到围绕着我的世界的狭隘和野蛮。

请您谅解，最尊贵的！假如您发现这些表达至少从文字上是

---

1. 多瑙河的场景（Scene an der Donau），席勒的剧作《强盗》第三幕第二场。荷尔德林早在毛尔布隆修道院学校学习时已知晓席勒的早期剧作。

2.《菲斯科》（Die Verschwörung des Fiesko zu Genua），席勒的戏剧。

正确的，但不完全恰当。但是我将不得不对您保持沉默，或者仅仅很一般地向您表述我通常对您的观察，假如我可以时不时地将自己看作一个例外。

请您允许我更准确一点给您说说我的情况。我的情况是这样，假如我没有特别的不便，我不会持续几个月的时间。我通过自己一些小的写作的作品，通过家庭教师的生活已经挣得了这么大的财富，所以我能希望，至少能够这么长时间独立生活，直到我的悲剧达到某些成熟。但是一种病态迄今延续了一个冬天和夏天的一部分，因此，一方面，我必须对我简朴的生活方式作出某些改变，另一方面它也占用了我原本计划好的时间和精力。

（空白）

但是他们为了持续地作出奉献，过于在他们自己的事务中生活，即使与您，最尊贵的，相比，他们更像我，能以更合适的方式被邀请加入我的社交圈子。

# 圣者永远不会成为庸人

齐格弗里德·施密特致荷尔德林[1]　　（托根堡的卡佩尔，1799 年 9 月 10 日）

……

为什么你不做同样的尝试，尊贵的，亲爱的？你的悲叹之源泉在这里向我显现，震颤着我，我对其本质十分了解，为了以平常性去发现最遥远的相似性。你无法想象，当你告诉我，你与你的人之间的鸿沟每一年都在扩大，那给了我多么深的印象。哦，出来吧，最亲爱的，到生活中来，从你向往之处折返，像一个最平常的人，与常人一起生活；当然你绝不会那样；但是正因为此，迫使你不得不这样，圣者永远不会成为庸人，只有最极端时才会这样，为了不彻底地脱离尘世，为了保留对最平常的自然现象的兴趣，就像最伟大者那样。

……

如果在学术界有什么重要的事情发生，请通报我。席勒的《华伦斯坦》[2]发表了吗？人们对此有什么看法？

在最近的事件上，我们的损失不大。我们没有表演的平台。就我这个不知内情的人所知，在你收到这封信时，行动将是炽烈的。

---

1. 此信系节选。
2.《华伦斯坦》( Wallenstein )，席勒的悲剧三部曲，取材于德国历史上的三十年战争。

# 每次我们谈到《许佩里翁》，
# 对您总有很多赞美

斯泰因考普夫致荷尔德林[1]　　　　　　（斯图加特，1799年9月18日）


　　您的来信都已阅读。……

　　您的兴趣，我的尊贵的，显然是要服务于男人和女性的教育，以实现真正的身心修养，那么，坦率地说，您使它稍有普及，这正是借助于您的《许佩里翁》的机会，让我最近在美学的领域成为一个入门汉，每次我们谈到《许佩里翁》，对您总有很多赞美。

---

1. 此信系节选。

# 我特别快乐地感到，
# 在思想健康的本性中有一种运动

穆尔贝克致荷尔德林[1]　　　　　　　　　　（耶拿，1799 年 9 月）

　　那种最深的崇敬又一次攫住了我，在他的先验哲学的讲座[2]中——他的坚定，我认为有些部分是完美的，它压迫着我——找到这样一种与我的思想一致的快乐是巨大的——我特别快乐地感觉到在思想健康的本性中有一种运动——而他的目光如此坚定，又如此纯洁。在我旁听的三个小时里，他讲课的过程如下：他站在历史之中，发现三个历史阶段，（1）盲目的命运；（2）天命的迹象（那必定是自然的智慧向有所作为的人们显现）；（3）"然后将是上帝。"而他的演讲，如此坚定，如此冷峻，又如此严肃，仿佛就是那个讲台应有的。演讲厅的修道气氛让人无法忍住眼泪——我的胸脯如此强烈地鼓胀起来——我似乎有权利扑进他的胸怀，并且伸出手去与他紧紧握住。

---

1. 此信不完整。
2. 讲座（Vorlesung），《先验唯心主义体系》（Das System des transzendentalen Idealsmus）。

# 我想请求你，到这里来并在这个冬天讲课

卡斯米尔·乌尔里希·博伦道尔夫致荷尔德林[1]（耶拿，1799 年 10 月 24 日）

你的杂志的一月号情况怎么样了？我希望它能很快寄出，以便在其中找到你的《恩培多克勒》，我对它满怀着真诚的期待，就像对《许佩里翁》第二部分一样，对它我真的是不能再等了。我在这里把它给了一些年轻人，看到他们发自肺腑的激情的快乐，以及他们心灵的自我发现。歌德正在写作一首阿喀琉斯和一首关于事物本质的诗，并认真研究了谢林的自然哲学。

我想请求你，到这里来并在这个冬天讲课。因为施勒格尔的讲座无人来听，这位精神巨人找到一块空地发挥作用。……

---

1. 此信系节选。

# 我对您胜利和进步的真正喜悦始终伴随您

黑森－霍姆堡的奥古斯特公主致荷尔德林[1]（霍姆堡，1799 年 11 月 28 日后）

　　收到您的礼物，感激之情催促我寄给您这几行字，随之奉上我的祝愿，您的恭维的诗[2]并非毫无价值：但那不是我。

　　您的事业已开始，如此美丽并扎实地开始，并不需要鼓励；只有我对您的胜利和进步的真正的喜悦始终伴随您。

奥古斯特

---

1. 此信系手写。
2. 诗（Lied），为祝贺黑森-霍姆堡的奥古斯特公主 23 岁生日，荷尔德林于 1799 年 11 月 28 日写了颂诗《致霍姆堡的奥古斯特公主》，连同诗《德国人之歌》和《许佩里翁》第二卷的样本一起呈献奥古斯特公主。

# 表达诗性精神和生活的诗歌形式，
# 对它的真知多么有益

致诺伊菲尔　　　　　　　　　　　（霍姆堡，1799 年 12 月 4 日）

我的尊贵的：

首先我为你善良的母亲去世向你表达我的同情，我必定是通过你的诗 [1] 得知此事。你知道，我是多么尊重这位少有的女士，因此，你未写信告知我一点消息，几乎是不对的。但是，既然在很多情况下，沉默比告知一个悲伤的消息更让人宽慰，我也因此感到释然。

你应当完全相信我，我能与你一起感受你的办公室的不意的变化，我非常抱歉的是，我本来能够为你诗歌创作的成功献上一份不事打扰的快乐。那似乎是，相比为作家，尤其是为诗人，人们完全不必为幸福付出更多。你请求我的建议，亲爱的诺伊菲尔！我多么愿意给你说一些更实在的，我多么愿意为你操心一个建议！可是你却一点也不知道我，我自己多么需要忠告和朋友的帮助啊。我向你坦承，我越来越发现，仅仅靠写作来谋生，现在几乎已经不可能了，假如一个人不想尽心尽力于此，而是想要以

---

1.诗（Gedicht），发表于《1800 年闺房教育袖珍书》，其中包含诺伊菲尔的另外 11 首诗，荷尔德林可能在写信之前不久收到了随信寄来的书，但信已遗失。

名誉为代价获得生计。所以我犹豫不定，我是否应该做一个或长或短的助理牧师，或是再当家庭教师或家庭指导[1]。后者对于我几乎是最好的。假如向我展示一个不那么卑微的职位，我却不知道是否应该利用它，因为我既不愿意牺牲写作去坐办公室，也不愿意为写作舍弃办公室，所以我才乐于选择一个既不耗费很大的体力，也不需要很多时间的职位。假如你知道或找到某个在你看来稍好的，那一定会让我高兴，而我不知道，你是否通过你在斯图加特的社会关系没有创建一个合乎心愿的出路，比如，设法做一次由教会监理会出资的旅行。后者肯定在每个方面都符合你的意愿和计划。

假如我有任何似乎对你有利的，或者出现某个机会，我发现它对你有利，那我一定会告知你。

关于你的最新的诗，我要对你说的太多了，它们的特点都是真实地、毫无空话地展现内心或者外在生活作为其基础。而你自己知道，为此所说的是多少。特别是梦也把唯心的和诗意的与简洁融为一体。《宁静颂》的种种变化，因它们在意境上的清澈，我特别喜欢。要是我在你的附近，我们就能一起谈论有关我们高贵的艺术的一个合理的词！因为，凭良心说，我越来越发现，表达诗性精神和生活的诗歌形式，对它的真知多么有益和让人心情轻松，而我竟然如此惊奇，当我直视古老的艺术作品那种坚实、彻底的决断和深思熟虑的过程，我们是如此慌乱无序。我也只能向

---

1. 家庭指导（Hausinformator），家庭教师的一种，区别于荷尔德林此前担任的住家教师（Hofmeister）。

你坦承，我曾对你有一点生气[1]，这个夏天你有一次（在谈到《艾米莉》的时候）要我听有关诗歌的很轻松的表达。我完全理解，亲爱的！那根本不是为《艾米莉》，那是可以心不在焉地丢掉的，那是出于必要性和乐于助人，你是为了艺术才批评我。假如你愿意，就把我当作一个冷漠的理论家。我知道我说的是什么，我也完全同意你，假如你要把我们用片面的概念拼凑起来的美学大纲扔进火堆。假如一个上帝能给予我这么多好的心情和足够的时间，我可以把我所透视和所感觉的一一罗列。

我如何珍视你的袖珍书所取得的进展及我自己的写作事务如何停滞不前，你可以从我写给我们的朋友斯泰因考普夫的信[2]中得知。我必须停笔了；因为太晚了。

让你的一切尽快好起来，同时和缪斯们一起安慰你自己，假如这适合于你，并以毫不动摇的忠诚

你的

荷

我请你把在汇票上的 100 个弗洛林[3]尽快、尽快地寄给我。

---

1. 生气（gezürnt），诺伊菲尔（与斯泰因考普夫一起）在 1799 年 7 月 9 日致荷尔德林信中对他 7 月 3 日来信中阐述的艺术观作出回应。
2. 信（Brief），指荷尔德林致斯泰因考普夫的信，未保存。
3. 100 个弗洛林，因为战争，荷尔德林的母亲委托诺伊菲尔转寄给荷尔德林。

# 精神上的至高也必须同时是品质上的至高

致一个陌生人 [1]　　　　　　　　（霍姆堡，1799 年和 1800 年之交）

　　请您接受我最真诚的感谢，尊敬的！感谢您为公正地维护更好的文学所做出的忠实努力，请您相信，我一定会以我所有的最佳力量接受您善意的邀请。

　　我现在乐于遵循的那些法则，是发自灵魂而写的，如此纯粹而精确，我希望，应用这些法则对于我不会很难。我相信，我已经掌握了它的精髓，并知道总体上已无可添加。假如您想要为我在诗歌作品的评判方面确定一个职位，那么我相信我会喜欢，因为多年来我的思考和观察几乎直接指向那里。

　　对希腊的更精密的研究帮助了我，与朋友鲜有交往，有助于我在孤独中的研究既不过分肯定，也不过于游移。很偶然的是，我赢得的研究成果与我认识的其他人的成果，差别巨大。正如您所知，对于古代的伟人在他们各种类型的诗歌中区别应用的形式的严谨，人们完全彻底地误解了，或者至少是仅仅追随了其表面，总的来说，他们的艺术更多的是精心算计的娱乐，而不是一

---

1.此信系不完整的草稿。此信的收信人与写信时间同样难以确定，可能是《耶拿文学总汇报》的出版人克·戈·许茨，事实上该报招聘雇员总是通过私人邀请并给予他们严格的评论规则，但 1799 年该报在与费希特的"无神论之争"中处于劣势，因此遭到朋友和追随者的抵制。

种必须经由神性的事务获取的神圣的得体[1]。精神上的至高也必须同时是品质上的至高。在展现上的情况也是一样。因此，他们诗歌形式上的严谨和鲜明，他们在从属的诗歌类型上为保持这种严谨而施以高贵的强制，他们在更高的诗歌类型上为避开主要品质而施以温柔典雅，因为至高的品质绝非陌生的和新异的，因此其中不含有任何强制的痕迹。以这样的方式，它们把神性展现为人性，但一味避免触及真实的人，当然，因为诗歌艺术，从其本质上，从其激情澎湃上，以及它的谦虚和清醒，是一种热忱的祈祷，它从未把人变成神，或者把神变成人，也从未提倡不公平的偶像崇拜，而仅仅是把人和神互相拉近。悲剧通过对立冲突[2]将它表现出来。神和人似乎是同一的，于是，一种命运把人的所有谦卑和所有自豪激发，最终一方面是人性的崇拜，而另一方面是留下净化的心灵[3]作为人的财富。这样的美学思想[4]，根据它们的[5]表达和词语，想要、应当并且能够在适当的时间说出，我可能会寻求以事件中不可撼动的公正，并以作家个人的尽可能的仁慈，也以思想，予以赞扬，

---

1. 得体（Schicklichkeit），荷尔德林在这里采用了 18 世纪美学理论中的得体的概念，是苏尔策在翻译希腊语词 πρέπον（亚里士多德：《修辞学》）或拉丁语词 decorum（体面，西塞罗的《演说家》）时引入，意思是演讲对其主题和听众的适宜性。这个概念以另外一个意义在神学解释学中发挥作用，例如，在艾希霍恩那里，它起一个判断标准的作用，一个有关圣经的报告应当从文字—历史的角度理解，还是从比喻—哲学的角度理解并因此意味着两种概念之间，即上帝的概念和被归结于他的行为的概念之间联结的适宜性。

2. 对立冲突，原文是拉丁文：per contrarium。

3. 净化的心灵（gereinigtes Gemüth），喻指悲剧的宣泄效应理论，参见亚里士多德《诗论》。

4. 从这里至结尾，荷尔德林于 1801 年 12 月 4 日致信博伦道夫，表达了新的想法。

5. "它们的"（ihren），这里很可能应读作"您的"（Ihren）。

# 我越来越赞誉这种自由的、
# 无偏见的、更加彻底的艺术理解力

致弗里德里希·艾默里奇　　　　　　　　　（霍姆堡，1800 年 3 月）

　　你仍然足够友好地证明我的沉默是正当的，亲爱的兄弟！我请求你，现在和永远都决不要误解我。只要我不再轻易地对我的朋友和其他一切与我有关的事情感兴趣，就像现在这样的情况，只要我出于天然的本性（它仍然要保留在我自身），我可能不得不做某些对人冷淡的事情。你不相信，我一直以来在这方面有多么大的难处。与别的人和环境的每一个关系都如此牢牢占据着我的头脑，于是，只要我让一种特别的兴趣出现并且用语言表达，我立刻就离它而去并且回到别的什么上面。假如你给我写信，等到我用诡计或者暴力把自己带到别的事上，才会有回音，而如我给你写信，那情况更糟；我就成了一个木讷迟钝的施瓦本人[1]。

　　你以你的诗歌[2]的编辑做了一个勇敢的开始。以你坚定的信念，你也有比别人更多的权利，像玩赌博一样玩诗歌的游戏并且以天才的名义把骰子掷出去。我不是说，你没有运用你的深思熟虑，你的艺术家的感觉，对此你似乎做得十分不恰当，因为这种

---

1. 施瓦本人（Schwabe），荷尔德林的故乡是施瓦本（Schwaben）。
2. 诗歌（Gedichte），艾默里奇的诗很可能发表于 1799 年。

感谢对你是如此忠诚和自然而然，就像交战中一个忠实的携枪者，我的意思是，你本来应该用你的彻底的审美能力作为帮助，但是你对你的事业却完全不确定。我们的老的和年轻的诗人中，谁是这样的？现在事情是这样，谁值得你感谢？我们冷漠的北国人[1]喜欢把自己保养在怀疑和激情中，我们不会出于纯粹的秩序和安全感而让自己过蜗牛的生活。

但是要认真，亲爱的！假如你还没有一个更大的事业进程[2]，你必须对诗歌严肃认真。在我看来，你似乎有诗歌的三位一体[3]，即敏感和力量和心智，神性的和世俗的元素充分进入你品格，以便把这高贵的生活固定在这样一种高贵的艺术中，并把它可靠地传递给后代。所以我越来越赞誉这种自由的、无偏见的、更加彻底的艺术理解力，因为我认为，它是保护天才免受即时性影响的神圣之盾。

我觉得你似乎是一个真正的忏悔者。但是我还是应当抱歉地说，尽管我以一种心不在焉写作我早期的作品，但是我细致入微地从事写作，那既不是我的过错，也不是我们最新尝试的片面性，假如我真的生气了，并以某种革命的方式处事。但它在开始的时候可能是好的，我说过，你能够有一个比我好的开端。我的幸运是，我看到我自己在哪里，所以，我据此来安排和选择我的材料。

---

1. 北国人（Nordländer），荷尔德林的故乡符腾堡在德国南方，不知道为何说我们北国人。
2. 更大的事业进程（größere Laufbahn），很可能是政治上的。
3. 三位一体（Dreieinigkeit），三位一体本是天主教的主要信条之一，即圣主、圣子、圣灵三位一体，荷尔德林在这里借用来表达艺术创作的灵感来源，即敏感（zarter Sinn），力量（Kraft）和心智（Geist）。海因策在致索莫林的信中写道，"对自然之美的细腻精致的敏感和感情，在于把它清晰生动地展现出来。"

# 因病请求准许回乡居住

致符腾堡公爵[1]                      （斯图加特，1800年9月）


　　奖学金获得者荷尔德林硕士请求作为一个教育者在此留住一段时间。自1794年经公爵恩准在国外担任教育者以来，因为持久的疾病他回到祖国。他现在恢复良好，想作为他的朋友兰道尔的孩子们的教师在他的家居住。

---

1. 此信系经节选和摘要的草稿。为了回符腾堡居住，荷尔德林向符腾堡公爵提出申请，该申请于1800年10月10日获教会监理会无期限的批准。实际上荷尔德林在兰道尔家仅偶尔作为教育者，也几乎未收他居住的费用。

# 假如我还有这样的荣幸

约翰·伯恩哈特·维尔梅伦致荷尔德林[1]　　　（耶拿，1800 年 11 月 28 日）


　　您处处都生动地展现出的人文情怀让我期望得到您的原谅，因为我可能是您完全不认识的，当我毫无保留地直接求助于您，以请求您出于善意满足我心中的一个渴望。那是德国的诗坛上一个深深的悲哀，也就是福斯和席勒停止出版诗刊[2]了。——从那温柔的九姐妹[3]之一优雅的口中，我在一个祈福的梦中领受了委托，即以我之力，尽可能把这种悲哀转变成快乐。——对于这个我必定要勉力而为的委托，您完全可以说，那根本不是我的想法，有数不清的诗刊以新的形式成倍增长，它们从内容来说从未超过其余的。我的愿望和目的是，主编一个诗集，在一个美丽的花环环绕下，把永远盛开的桂冠授予我们德国的天才们，并且打上永不过时的印记；可是，假如我不能勇敢地求助于享有盛誉并且能够给我的事业戴上皇冠的人物，我如何才能把这个愿望变成现实，我如何才能实现这个目标？——从这个观点出发，请您原谅我忠

---

1. 此信系手写。
2. 诗刊（Almanach），两种诗刊在出版了 1800 年的版本后，停刊了。
3. 九姐妹（neun Schwester），缪斯女神。

诚的请求，让我荣幸地从您的手中接过若干赐稿[1]，并且，假如我还有这样的荣幸，能够得到一首签有荷尔德林大名的诗，那我对您的感激将从我的心中源源涌出，缪斯们也将慈爱地向您垂青，因为您使奉献的牺牲贴近神性的完美无缺。——我恳请您加入一个您绝不会有失身份的社团，下列大名会向您证明：歌德、席勒、福斯、马提松、柯泽加尔滕、克洛普施托克、索菲·梅乐傲，他们都已经坚定地承诺赐予我稿件。我可以向您列举整整一系列的大诗人，他们跻身德国最著名之列，可是为什么要这样，因为您还不习惯被陌生的激励推动，而是要出于自身的激励而行动？假如我可以指望您善意的赐稿，假如您能尽快为此赐我只语片言，我将不胜感激。——假如您能允许我，在二月或三月想起您友好的诺言，因为我必须在 1801 年三月底把手稿编排好，诗刊应在 1802 年出版。我以尊崇签下名字

您的忠实的仆人

约翰·伯恩哈特·维尔梅伦

---

1. 赐稿（Beiträge），荷尔德林对此请求是否作出回应，不得而知。最早在 1801 年春，他把悲歌《梅农为狄奥提玛哭诉》和萨福体诗《在阿尔卑斯山下歌唱》（中文版见《荷尔德林诗集》第 345 页和 394 页）寄给维尔梅伦。

# 我能允诺您的，
# 唯有善良的意愿和殷勤周到

致安东·封·龚岑巴赫[1]　　　　　　　（斯图加特，1801 年 1 月 7 日或 9 日）

请您允许我，在我能向您当面致谢之前，向您表达真诚的感谢，感谢您善意的招聘，此种关系和工作于我将如此友好并值得珍视。您以如此之多待我，我须皆予敬重；我能允诺您的，唯有善良的意愿和殷勤周到，那将是我在您家庭里的责任，以及坦率和真诚；如果您说，您赋予我应当履行的职责一种价值；那您肯定也知道，我将在一个家庭圈子里生活，它自身是可以自足的，并为着结出幸福之果实，每天都在恪守所有德行中最困难和最美好的部分，对于我，这赋予了多少价值和善意。假如我仅仅是您们之中的一个看客，那么我看着这样一幅宁静的画像就足够了。我请您不要把这句话当作虚荣[2]。

既然您在大体上信任我能够作为一个教育者履职，我相信，我期待能与您进行一次面谈，以了解我需要特别注意之事。

我希望能在一月启程。

请您善意地代我向您尊贵的家庭致以敬意。我还要向您的儿

---

1. 此信系草稿，出现在一本名为《斯图加特活页书》的第 10 和 11 页之间撕下的纸页上。
2. 当作虚荣（für eitel nehmen），谦恭之词。

子先生再次致谢，我将常常感谢他，通过他个人和他的会见，他让我告别家乡的朋友和亲人变得更加容易，并且他那么美丽地向我描述在一个家庭圈子里的居住，让我在此程度上充满了期待。

以忠实和真诚

您的

忠实的

荷尔德林硕士

# 朋友寄来对《许佩里翁》的评论

约翰·哥特罗布·聚斯金特致荷尔德林 [1]　　　（蒂宾根，1801 年 1 月 22 日）


　　我的亲爱的，正当你可能满怀期待之时，我可以很快地实现你的愿望，把你的《许佩里翁》的评论寄给你。它刚刚发表，由于朋友肖尔向我们建议，为你操心委托，我立刻抓住这个机会，把它们都提供给你。显然，你对它们会满意的。它们的作者的正确和人道的思维方式在我看来是显而易见的，你不要再把它们回寄给我，而是把它们作为你的财富保存。——

　　提到了荷的青年朋友，还在出发前见到了他。


---

1. 此信系节选和摘要。

# 最终我感到，
# 完美的爱只在完整的力量之中

致克里斯蒂安·兰道尔 [1]　　　　　　（豪普特维尔，1801 年 2 月下半月）

我的尊贵的：

我本想早给你写信，假如我在这里能集中精力并且稍稍环顾一下四周，我完全应该说，我希望在当前的状态中经受考验。

与你和其余朋友们 [2] 的交往已经给予了我实在的好处，那是我一直缺乏并且努力想要得到的。我从你们那里学会了真正的安宁，有了这种安宁，人在通过真实的标记认识他们之后，人与人就做到了心心相印。这样，人在生活中和在关心的人们中间，就可以更坚定和更忠诚。

这个我也可以把它应用到我现在生活的人们中间。根据我最冷峻的判断，他们正是我所期待的、这样彻底的人，他们对陌生人有这么多的关注，仿佛他们的心毫无怯懦，仿佛他们的参与和交际无拘无束，真实自在。

正因为此，你们是我不能忘怀的，在这里，我生活在与人交

---

1. 此信的第一部分是在得到和平的消息之前写的，见 "我当然首先是从和平开始的"。
2. 其余朋友们（den übrigen Freunden），其中当然有诺伊菲尔，但他再未给荷尔德林、聚斯金特等写信。

往的最好的时光里，时时想起你们。

我想要用自己的祝福问候每一个人，对每个人说，在斯图加特我们在一起的美好的回响多么真实地陪伴着我，尤其是旅途中，我的早晨和傍晚的歌声犹在耳边。

面对着离这里有几个小时路程的阿尔卑斯山，我至今仍然震惊不已，我真的从未有这样的印象，它们真的就像从我们大地母亲的英雄时代流传下来的一个神奇传说[1]，提醒着那个古老的开天辟地的混沌，它们在寂静中俯视，在雪峰之上，湛蓝的天空中，太阳和繁星在昼夜交替闪耀。

你于是能够想象，现在正当春天伊始，万物如何赐福于我，我如何目不暇接地环顾丘陵和溪流和湖泊，因为这是三年之中，我将以自由的心灵和更新的感觉享受的第一个春天。

尊贵的朋友！长久以来，我一直背负着种种错觉，对别人和我都是负担，在生命之主面前和我的保护神面前都是一种耻辱。我总是想，以平和之心处世，爱人并以真诚的目光看待神圣的大自然，我必须委曲求全，并且，为了让别人成就些什么，放弃自己的自由。最终我感觉到，完美的爱只在完整的力量之中；它让我惊奇，在那一瞬间，我重新发现了完全纯粹和自由的我。人越是自信，越是在最好的生活中凝聚起来，越是轻易地脱离卑微从属的心境，返回真实的事物，他的眼界必定会变得更加明亮和更加全面，他将会有一颗包容世界上一切对他来说易的、难的、大的或爱的事物之心。

---

1. 传说（Sage），荷尔德林显然指的是古代的宇宙起源传说，如赫西俄德的《神谱》（Theogonie）。

我当然首先是从和平开始的，假如不是从信的第一页开始，我相信，可能在十四天之前就写了。对和平，最让我高兴的是，有了和平，政治的对称和非对称总的来说发挥了极其重要的作用，并且为它们自己的单纯开启了一个良好的开端；最终，不言自明，一个人对国家了解得越少，并且知道哪种形式如其所愿，那么，他就越自由。

必须有强制性的法律及其执行者，这种弊端到处都有，却是必需。我想，有了战争和革命，妒忌之神，那个道德的博乐亚斯[1]，也偃旗息鼓了，而一种更美好的社会性，相比传统的市民性，将会成熟！

请原谅，我的尊贵的！假如我的饶舌让你感到无聊。我滔滔不绝地跟你说，就像我自言自语一样。

在那位女士那里你必须用好记性维护我，假如你要显得慷慨大方。你们可能会笑话我，但是我必须特别地感谢听音乐的金色时光！那友好的乐音在我内心宁静，它们有时候会觉醒，当它们在我内心和我周围安安静静的时候。

问候所有的朋友！我相信，他们知道并且感觉到，我是否真诚。我要一个接一个地同他们说话；不！谁也没有给我留下也是我的尊贵者的印象。生活幸福！

你的

荷

---

1. 博乐亚斯（Boreas），西方神话中的北风之神。

# 收到雇主解聘的信，原因不明

安东·封·龚岑巴赫致荷尔德林[1]　　　　（豪普特维尔，1801 年 4 月 11 日）


　　我的非常尊敬的先生和朋友，您将会记得，不仅我的儿子，还有我，跟您谈过来自我家庭里的两个年轻的男孩子，他们可能要到我这里来，他们实际上是我的教育计划的主要对象。现在，因为不可预见的意外情况，极大的可能性表明，这两个男孩子有其他的目标，因此，我的意图的最主要部分将会失去，您不会把这归结为我的错误，我不是要让您处于任何不利的进退两难的境地，我及时地将此告知您，我最礼貌地请求您据此而行并采取最适宜的举措；那就是说，以您最舒适的方式，我的唯一愿望是，您为此所做的全部考虑都完全以您的方便为准。——我真心感到抱歉，因为变故，我们这么短的时间就要再次分离，但是这种转变不是我们的力量所能左右，所以我希望您不要把此不得已归咎于我，而是在远方以您值得珍视的友谊的延续给予我荣誉，正如我的友谊生命般长久地奉献予您。——

　　以不变的尊崇之真挚情意

---

1. 此信系手写。荷尔德林于 6 月 2 日致席勒的信中写道："我这段时间，大部分是作为教育者生活，仅有很少间断，尽管我履行了大部分责任，但是，假如我过于不灵活，或者我有时显得机敏，在很大程度上体会的却是别人的不满。"

您的

最忠实的

安东·封·龚岑巴赫

# 请继续为他的诗刊赐稿

维尔梅伦致荷尔德林[1]　　　　　　　　　（耶拿，1801 年 5 月 4 日）


　　——悲歌[2]中仅有前 4 首进入诗刊：其余的将在以后的年号中陆续刊用。我与梯克无联系。但是因为您乐于在他的诗歌杂志上看到《阿奇佩拉古斯》，那我将通过弗里德里希·施勒格尔（我确实跟他关系有点暧昧）询问一下，他的计划中是否有接受陌生合作者的较大的诗歌的余地。——请您像这一次这样，不断地为我的工作加冕！

---

1. 此信系节选。
2. 悲歌（Elegien），可能是《梅农为狄奥提玛哭诉》，分为两部分连载在维尔梅伦的诗刊上。

# 你完美的奉献给予了我，用东方的鲜花
# 和美果润泽了这片午夜的荒原

齐格弗里德·施密特致荷尔德林[1]　　　　（弗里德贝格，1801 年 5 月 8 日）

　　那些美好的时光，出自你激越的愤怒和最深沉的爱给予兄弟心灵的问候，近来对于我，比平时更经常到来，它们的光临，恰在我比往常更需要它们的时候。（假如说，那是根据这个世界上儿童们的友谊调制的精美佳肴，会令人反胃的。）

　　你摄人心魄的音调，你不可见的、神圣的音乐，真的每一次把我从致命的麻木慵懒中拖拽出来，在那种状态中，我有一段时间就像一个富足的农民，默默耕耘，他在这个世界上不再有长久的忧虑，不需要寻找最舒适的场所，在夏天有吹拂他的凉风，在冬天却能可靠地避寒。我让一切顺其自然，很少关心世界的那个神秘的精灵，以及什么时候它想要通过我下个通告。当然，我有时候注意到自己在这个表象中，谴责自己，并且疑惑这个宇宙精灵是否真的曾在我心中居住；或者恐惧地把它拒之门外，并且思考着自己来完成此灭绝。于是，就像我说的，你完美的奉献给予了我，用东方的鲜花和美果润泽了这片午夜的荒原。

---

1. 此信系手写。

是啊，我们认为彼此是最高贵者，我们在自身也展现的种种形象中认出我们自己：因为我们在这片最高的区域相逢，为此我们互相观照——总是那个样子——在最日常的生活中，一幅厚厚的帘子把我们隔绝于人群，它对相关的人如此清晰可见，其实却完全不可见。

你在神圣的激动中结束了你上一封亲爱的来信[1]；但是你似乎是在抱怨，这样的激情几乎是一场表演。但是难道它们不是完全不同的，对于艺术的原动力，难道它们不是完完全全不同的吗？难道这不是一种主要的标准，那些高尚的艺术家，难道他们不应当为着这些有利的地位与伟大的诸神相比较吗？他们被那位崇高者（你为着至高而进入其中）及在他们展现中的所有激情裹挟，仿佛大地上没有别人——然而他们并未被其征服，它仅仅是——一场表演。这是至高的观点！人间的神祇！

教授事业仍未定。它对我的诱惑完全与过去一样缥缈。我与辛克莱进行了多次交谈。他对他的专心致志的艺术形而上学比我有更好的理解。假如这给他快乐，祝福他！而看上去是这样。

保重！亲爱者。我冷冰冰的信不要让你不安。我现在不能写其他了。

你的

齐格弗里德·施密特

---

1. 你上一封亲爱的来信（Deinen letzten lieben Brief），荷尔德林在豪普特维尔尔必定给朋友写了很多信，但很多遗失了。

# 成长允许我们躁动不安

夏洛特·封·卡尔布致荷尔德林　　　　　（美因茨，1801 年 5 月 15 日）

　　我在这个地方已经一年了——在内卡河和莱茵河，住在海尔布朗附近的温普芬——海德堡的奥芬巴赫，在每一个地方他们都曾在——6 月初我去了威斯巴登。——7 月我可能在曼海姆——秋天晚些时候再回到法兰肯。——如果您在这一地区进行一次旅行，我至少会让您了解我的近况。——写一封充满很深的内容的信，在经过这么久的分别和沉默之后，是不可能的。——我们了解自己——时间和事情以及我们自己：成长允许我们躁动不安——而思考的人[1] 在 6 年里已经完全不同了。变化在外表、在青春的岁月是如此之快——在评判思想和观念的成熟上变化如此之快。——我的心灵也更加成长了，而我迄今也已经从那个突发事件的压力下解放出来。没有更多的话了——那完全是不同寻常的，心灵最终以最纯粹的利己主义言说——你什么也不会再失去——但可惜的是，你仍然会痛苦！——我去年秋天阅读了你的小说——以很多的乐趣。——不久我将再读。——您回复我，不久我可能对您提出一个更有意义的问题。因为我可能会出去旅行，所以您更大

---

1. 思考的人（der denkende Mensch），卡尔布夫妇的儿子，封·卡尔布夫人曾在给荷尔德林的一封信中说，他的儿子是个"八岁的思考的人"，见 1794 年 1 月 16 日荷尔德林给母亲的信。

可能为您的信写上地址或者封装给 Made: Remy。在美因茨的封·卡尔布夫人，由克劳西乌斯先生交给布莱希保存。那样这封信就能最妥善地保存在我这里。

　　盼望获悉您的所思所想以及生活和创作——


夏洛特·封·卡尔布

M. 封·奥斯特海姆

# 请求席勒为他在耶拿大学争取一个教席

致席勒[1]　　　　　　（斯图加特附近的纽尔廷根，1801年6月2日）

我很长时间以来一直希望能够再向您提起我，我只是想在手头多准备一些文稿[2]，好随时把它们呈现给您。您必定已经几乎把我放弃了，我想，环境的压力还没有把我完全击垮，在某种程度上我仍然活着，仍然值得您的慷慨，并且正在寻求自我教育，您看到这些，不会感到不舒服。看现在，我不得不写得比我想写的更勤快。我的愿望是，再一次到耶拿，生活在您的身边，这对于我几乎是必需的，我对是与否已权衡再三，我没有别的选择，只能未经您的允许，由您全权为我做出这个选择。

迄今我已发现，通过自己独立的努力赢得一种完全独立的生存，对于我是不可能的。

我这段时间，大部分是作为教育者生活，仅有很少间断，尽管我履行了大部分责任，但是，假如我过于不灵活，或者我有时显得机敏，在很大程度上体会的却是别人的不满。最尊贵的！在

---

1. 这封信的收信地址是耶拿，尽管荷尔德林已经知道，因为战争的动荡，席勒已迁往魏玛。对荷尔德林1799年9月上半月的信未予回复，席勒在6月16日收到此信，也未予回复。
2. 文稿（Papiere），哪些文稿不详；很可能是指荷尔德林翻译的品达的《胜利之歌》（Pindars Siegesgesänge），拟作为他计划在耶拿开设的、以古希腊作家的"伟大的坚定性"为题的讲座的基础。

这种情况下，我非常经常地从内心里感谢您，您总是给予我快乐，与您的交往中，没有什么烦恼的时光不会化解。但是我的耐心逐渐变成了激情，在疑虑重重的情况下，我总是喜欢朝着一个方向前行，更大的可能是牺牲了自己的真实的生活目标，而为某个人服务。现在我发现了并且看得非常清楚，当一个人失去了生活的下一个目标，他肯定能够找到出路，但是一个错误的放弃，就像过于不明智，必定会招致一个糟糕的结局。这对我比过去任何时候都更明显了，假如我没有别的中间道路，我将被迫[1]在几个星期之后去做一个乡村牧师助理。那倒不是我不乐于这个领域里它可能的价值和快乐，但是我看到，这项职业及其整个的风格在这种情况下已经成为一个条件，与我表达自己的方式过于矛盾，因为我决不能在这个矛盾中最终失去自己所有倾诉的禀赋。

我多年来钻研希腊文学，几乎没有中断。因为我一旦进入这一领域，几乎没有可能中断这一研究，直到它再一次给予我如此轻易地从头开始的自由，我相信，我能够帮助那些对此感兴趣的年轻人，尤其是通过把他们从希腊字母的繁重劳动中解脱出来，并且让他们理解这些作家的伟大的坚定性是他们精神丰富的一个成果，使之对他们变得有用。

我也被引导去做某些思考，特别是思考形形色色不同的最高准则的必要的平等及其纯粹的运用方法，它们在整个的关系中以正确的边界线展现，或许也能对教育的领域及被排除出来的区域投下一些光照。

---

1. 被迫（genötiget），荷尔德林如果不能取得适当的职业，根据教会监理会的规章，将不得不去做乡村牧师助理。

我非常地请求您，最尊贵的！以您一贯的仁慈阅读以下这迫不得已的自我歌颂，您千万不要认为，我这样直接地，并且滔滔不绝地讲述自己，是我在一个比我伟大的人面前学会了拒绝谦卑。

我只是想坦诚地告诉您信任我的理由，假如我去耶拿，并在那里设法把我的大部分时间用于我的讲座，据我所知，我会得到允许，这可能并无不妥。

我并不期待马上就有很多听众，而是与那些平常举办的讲座的听众一样多。我希望不要直接踏入别人的道路。

假如您劝阻我，那我会平静地走别的道路，并且将会考虑我如何保持正直。

您不会拒绝以您的同情借一束光给我，照耀我的生活道路，因为我迄今还未曾尝试以徒劳的方式给予它一个它不应有的意义。

您让全体人民快乐，却可能很少注意它。因此，看见一种曾经由您而来的生活乐趣洋溢在一个对您十分尊重的人身上，对您来说可能并非分文不值。

此时此刻，我可能已经完完全全忘记，我在何处再次见到您并可以怀着敬畏问候您，我曾怀着那种敬畏第一次与您相遇。

真诚的

您的

荷尔德林

# 请求尼特哈摩尔为他在耶拿大学
# 争取一个教席

致伊曼努尔·尼特哈摩尔[1]　（斯图加特附近的纽尔廷根，1801 年 6 月 23 日）

我的尊贵的朋友：

我鼓起勇气，打破自从你认为有理由对我必须保持沉默以来，一直在我们之间延续的不通音讯。我犹豫着，要不要把我再次带到你的记忆中来，因为促使我这样做的诱因太不寻常，你可能会大吃一惊，但是我有信心，你不会因为我倾诉的乐趣而怪罪我，并且更多的是，因为我想起了在过去的时光你陪伴我的生活的感情，还想起了我以前能够享有的你的友谊。

给你写信的必要性是无须证明的，因为我现在正在一个亟须得到你的指点的时刻，从前我这样向你请求的时候，你未曾拒绝过。

最近的几年，我在各种条件下生活，它们与我的生活规划不相符合，我也极少能享有对我的状况满意的幸福。

我不愿意去一个神职的办公室，而现在，到了 31 岁的年纪，前景却是，将不得不作为一个牧师助理为生，让我很不舒服。一

---

1. 这封信显然是在 6 月 2 日致席勒的信一直未收到回复的情况下写的，但同样未收到回复。

个教育者的活动，似乎是适合我的并且我也曾练习过，在我看来好像也值得努力去做，仅仅是因为每天与信任我的照料的孩子们在一起生活，有可能从内心促进他们精神的成长，并且通过我每天给他们授课，启发他们的意识，有一天他们将在教育的道路上独自前行。但是境况变动不居，我的家庭教师的生活既不适合我的本性，也与我的生活规划不符，所以在此之后，我总是努力赢得一个独立生活的时期，在这期间，我有可能按照自己的愿望来工作。所以，我几乎有两年时间生活在霍姆堡，与我的朋友辛克莱交往，在那里完全以我自己的方式工作并进行文学的研究。

不久前我刚从瑞士返回，我在那里做一个家教，度过了一小段幸福的时光，又回到祖国。这里有一个老的、我几乎已经放弃的计划，重新占据了我的头脑，我每天都在沉思如何实现这个计划。我在我的生活中经常地体会到，计划和愿望，不论它们是否与我的本性相协调，总是远远地超越了现实，于是被环境所窒息，命运已经预先决定了生活的轨迹。我将改变我的状况，并决定，不再延续我现在所过的一个私人化的作家的生活。我的想法是，去耶拿，希望在那里把希腊文学领域作为讲座利用，那是我过去多年从事的研究的主要部分，以此方式，我将向感兴趣的年轻人展示伟大诗歌的特质，并向他们阐释，一种怎样的精神把那些材料组织起来并在其中使诗歌的生活获得自由。这样一种活动现在完全适应我的意图，我期待着我的生活由此出现一个有利的转变。

我的计划并非从事仅仅学习单词和语言的教学任务，但是我希望，我不要与枢密顾问许茨先生和滕尼曼教授先生相冲突，因为我已经听说，这两位先生正在讲授希腊文学的课程。

我已经给枢密顾问席勒先生写信，向他说明了促使我改变我的生活状况的理由。我知道，你与他有友好的交往，因此，请求你与他谈谈我的计划，也谈论一下是否有可能，保证我的生活并且能否确定根据我的作为在大学给我一个职位，这应该不是很过分的。

你若能尽快就这个严肃的决定给我回一个话，对我将是一个巨大的帮助。你的忠告，结果可能如其所愿，无论如何对我都是珍贵的。

请深信，对你的友谊的记忆从来都是我的慰藉，并且让我告诉你，我提前感觉到了快乐，因为我期待着不久再次到你的附近生活。


完全是你的

弗·荷尔德林


向谢林致以一千次的问候。

# 向他介绍法国波尔多的一个家庭教师职位

克里斯蒂安·兰道尔致荷尔德林[1]　　　　（斯图加特，1801年8月22日）

　　我仅有一点事要告知你，我的亲爱的，昨天斯特洛林教授在我这里，他让我请你到这里来，因为他必须跟你交谈。他收到了从波尔多来的信，信的内容一定会让你完全满意，因为眼下你已被免除了布道[2]，25个金路易的旅费还加上保险，你的年收入将达到50个金路易。那么明天就来这里，斯特洛林非常希望你不要拖延，并且做好准备，亲爱的荷尔德林，你在这里待一段时间。斯特洛林几天前还跟我说，你曾答应他做一次布道，可是还没有实现，这让他很惊讶。

　　你的伞彻底地找不到了。以张开的双臂期待你

你的

克·兰道尔

---

1. 此信系手写。
2. 免除了布道（von Predigen dispensiert），对照荷尔德林于1801年12月4日致博伦道尔夫的信，荷尔德林除担任家庭教师以外，还要做福音教会的私人布道。

# 充分认识自己，要像充分认识外人一样

致卡斯米尔·乌尔里希·博伦道尔夫[1]

（斯图加特附近的纽尔廷根，1801 年 12 月 4 日）

我的尊贵的博伦道尔夫：

你的善意的言辞，以及你的言辞中的关切，让我十分高兴。

你的《费尔南多》让我心胸备感轻松。我的朋友们的进步对于我是一个良好的信号。我们都有一个命运。假如一个人与命运一同前行，那么其他的人就不会停滞不前。

我的亲爱的！你在精确性和灵活性上获取的这么多，温存却点滴未失，相反，你像一把宝刀，在弹性学派中如此强有力地证明了你的心灵的柔韧性。正因为此，我特别地祝愿你好运。我们从未学习过比自由地运用民族性更难的东西。正如我相信，展现的明澈性对于我们从源头上就是自然而然的，就像火自天而降对于希腊人一样。正因为此，在你精心维护的美好的激情中，比之在荷马的心灵之在场和展现之天才，这些极有可能被超越。

这听起来自相矛盾，但我要再次强调它，并且听任你的检验和运用，在教育的进步中，真正的民族性总是越来越少。所以，满怀神圣激情的希腊人却很少大师，因为大师对于他们是天生

---

1. 荷尔德林从瑞士写给博伦道尔夫的一封信遗失。博伦道尔夫本来此后要把他的《费尔南多》剧本寄给他。

的，另一方面，从荷马起，他们就精通表现的天赋，因为这个非同寻常的人心灵丰富得足以截获西方世界朱诺式的清醒，用于他的阿波罗系列，并且如此真实足以俘获陌生人的心。

在我们这里情况却不同。所以，要从希腊人的优越性中把艺术规则单独地和唯一地抽象出来，那是危险的。我为此研究了很久，现在我知道，在希腊人和我们，除了生活的条件和命运这些必须拥有的最高之物以外，我们不应有与他们相同的东西。

但是充分认识自己，要像充分认识外人一样。因此，希腊人的对于我们是不可或缺的。但是我们在自己的、民族的方面不应追随他们，因为，正如格言所说，用好自己的是最难的。

你良好的天赋激发了它，在我看来，你以更加史诗般的风格处理这个戏剧[1]。从整体来说，这是一出真正现代的悲剧，因为它是我们周围的悲剧性的事情，我们从生命的王国完全静默地走进了任意一个包裹着的容器，而不是被火焰吞噬[2]的我们为我们不能驯服的火焰忏悔。

真的！第一部分如此精彩地触动了最深的内心，就像最后的部分一样。它并非庄严宏伟，但一个更深刻的命运及一个高贵的心灵引导这样一个在恐惧和同情[3]之下的凡人，并使精神在愤怒中

---

1. 戏剧（Drama），《费尔南多》讲的是一个有清教背景的德国画家，致力于艺术的完美，却与一个西班牙的天主教妇女坠入爱情，这导致他陷于威胁他的自由和生命的种种冲突。博伦道尔夫的戏剧确实采用了"史诗般的"创作风格，但却不是悲剧。荷尔德林在写这封信的时候，显然还没有把剧本看完。
2. 容器，而不是被火焰吞噬（Behälter...Flamme），可能指德国那时与古希腊的丧葬方式的不同。
3. 恐惧和同情（Furcht und Mitleiden），暗指亚里士多德的悲剧定律：悲剧是在选定的演讲中对一定规模的高尚而完整的行为的模仿，每一种演讲形式都在特定的部分中出现并且处理，而不是报告，并在同情和恐惧的帮助下，使这些情绪得以净化。（亚里士多德《诗论》）

高昂。光荣的朱庇特是一个凡人在沉沦中最后的想法[1]，他或按我们的命运或按古代的命运而死，如果诗人已经展现这个死亡，他应当这样做，并且像你一样让它可见，让它在整体中，特别是在一些出色的片段中表现出来。

*一条小径通往幽深峡谷，*

*那里背信弃义将他逼迫。*

诸如此类。——你在宽广大道上把它保持。但是我先要把你的《费尔南多》好好研究并且记在心里，然后才有可能给你说一些有趣的东西。无论如何也不够！

有关我自己和我迄今过得如何，以及我离得有多远并且如何保持对你和我的朋友们的价值，还有我在做什么和将有何作为，那都微不足道，我想接着告诉你的是，我将从你的西班牙的邻居那里，就是从波尔多给你写信了，下周我将出发去那里，在一个德国的福音教家庭当家教和私人布道者。我必须把我的头脑全力凝聚起来，在法国，在巴黎：凝视大海，沐浴普罗旺斯的阳光，也将让我快乐。

哦，朋友！世界在我面前像从前一样更加光明，也更加真诚。是啊！我喜欢世界这样走，我喜欢在夏天，"古老的圣父用他冷静的手从红彤彤的云层中震颤出赐福的闪电"[2]。因为在所有我能从神那里看到的一切之中，这个象征已是我选定的。否则，我只

---

1. 最后的想法（der letzte Gedanke），根据《恩培多克勒》第一个草稿第 1760—1769 行，渴望和呼唤解放者朱庇特，因为晚风，这爱的信使，已经临近。

2. 古老的圣父……赐福的闪电（der alte heilige Vater mit gelassener Hand aus röthlichen Wolken seegnende Blitz schüttelt），自由地引用了歌德的《人性的边界》（Grenzen der Menschheit）原文是：当亘古的 / 圣父 / 用冷静之手 / 从汹涌的云层 / 把赐福的闪电 / 向大地播撒。

能欢呼一个新的真理，一种看待我们和我们周围事物的更好的方法，现在我害怕我最终不会像那个古老的坦塔鲁斯那样，仅是众神之宠爱，而不是能消化。

但是我做所能之事，尽力而为，并且我思考，当我看到，我必须如何像别人一样在自己的道路上勇往直前，当神缺失，如何急迫地寻求一条首先对意外是安全的道路，植物不为死人而生。

那么现在生活幸福，我的尊贵的！直到更远更远。我现在满怀着告别。我很久没有哭了，但是它让我品尝苦涩的泪水，因为我已经决定，现在仍然要离开我的祖国，可能是永远地离开。我在这个世界上更爱的是什么？可是他们可能不需要我。我将是并且必须仍然是德国人，假如心的痛苦和饥饿驱赶我向着塔希提岛。

问候我们的穆尔贝克。他生活得怎么样？他肯定能活下来。他与我们同在。原谅我这些胡思乱想。我曾认识你们，我曾看见你们，但是通过一副黄色的眼镜。我有这么多要对你们说，你们好人！你们对我也一样。未来你将待在哪里，我的博伦道尔夫？但那是担忧。如果你给我写信，地址就写给斯图加特的商人兰道尔。他一定会把信转给我。也给我写上你的地址。

你的

荷

# 在希腊的意义上，至高的理解即是内省力

致卡斯米尔·乌尔里希·博伦道尔夫[1]　　　　（纽尔廷根，1802 年 11 月）

我的尊贵的：

　　我很久没有给你写信了，这段时间在法国并看到了悲伤孤单的大地；法国南部的牧羊人和个别的美景，还有男人和妇女在爱国的疑问和饥饿的恐慌[2]中生长。

　　那个强有力的因素，天空之火和人的静默，他们在自然中的生活，他们的狭隘和满足，总是不断地吸引我，而当一个人重复说着英雄[3]，我可能会说，我被阿波罗击败。

　　在挨着旺代边境的地区，那狂烈的、战争般的遗迹吸引着我，那纯粹的雄性，直射生命之光，而在眼帘和肢体中，以及那在死亡体验中，就像在艺术鉴赏[4]中感觉到的，它的认知的渴望，得到满足。

---

1. 此信在荷尔德林的遗稿中发现，显然是信的草稿，博伦道尔夫于 12 月 2 日回信致谢。

2. 爱国的疑问和饥饿的恐慌（Angst des patriotischen Zweifels und des Hungers），指法国革命中农村人民的分裂的态度及频繁发生的饥荒造成的恐慌。

3. 重复说着英雄（wie man Helden nachspricht），见荷马《伊利亚特》，帕特洛克罗斯之死，和荷尔德林翻译的索福克勒斯悲剧《俄狄浦斯》关于俄狄浦斯的命运。

4. 艺术鉴赏（Virtuosität），这个词的特殊用法也见于荷尔德林的文稿《关于安提戈涅的注解》，最早可理解为"对自身可能性的精妙展现"。这里根据上下文译为"艺术鉴赏"。

南方人的爱好格斗[1]，在古代精灵的废墟上，让我认识了希腊人的真实本质；我认识到了他们的性格和他们的智慧，他们的躯体，他们在他们的气候中的成长方式，以及他们用于防御力大无穷的精灵暴力元素的规则。

这决定了他们的民族性[2]，以及他们接受外来属性并分享它们的方式，所以，他们才有他们独特的、显得生气勃勃的个性，在希腊的意义上，至高的理解即是内省力，而这使我们能够理解，如果我们能够理解希腊人的英雄般的躯体；这种内省力是温柔的，正如我们的民族性。

关注古代[3]遗迹给了我一个印象，它不仅让我更加理解了希腊人，也从总体上更理解了他们最高水平的艺术，它即使在最高的运动中并且在各种概念的现象化之中，以及一切被赋予严肃的意义中，仍然保持了一切的固守自身，因此，在这个意义上，自信是最高类型的标志。

在心灵经历了一些震惊和搅动[4]之后，我需要一段时间让自己安居下来，这段时间我将住在故乡的城市。

对故乡的大自然，我越是研究它，它越是那么强有力地把我攫住。那惊雷，不仅仅在它最高的表象中，同时也在这样的景观中，它的强大，它的千变万化，在天空其余的形态中，光在它的

---

1. 爱好格斗（das Athletische），这个概念也再次出现在《关于安提戈涅的注解》，从原初的意义可以理解为爱好竞赛者（Wettkämpferischen）。
2. 民族性（Popularität），荷尔德林可能是在民族性（Volkseigenschaft）的意义上使用这个词。
3. 古代（Antiquen），荷尔德林在从波尔多回国途中，经旺代去巴黎，在那里可能看了拿破仑从意大利劫掠的古代艺术珍宝展。
4. 震惊和搅动（Erschütterung und Rührungen），显然是指在法国的经历和苏赛特·龚塔尔特去世。

作用中，以民族的和作为原则的并且以命运的方式构建，以至于我们也是某些神圣，它狂飙的来去，森林的特色及在大自然的形形色色特征之一地的汇合，地球的所有神圣之地都围绕一地而聚，并且哲学之光在我的窗外，现在是我的快乐；我要保持[1]至今，像我来一样！

我的亲爱的！我想，直到我们的时代，我们并未想要去评论[2]诗人，而是，吟咏的方式从总体上将呈现另一种特点，我们却不会与之一起出现，因为我们自希腊人以来又将重新开始，以祖国的和自然的，实际上是原初的方式吟唱。

但是要快点给我写信。你需要你的纯粹的语调。朋友间的精神，在交谈与书信中出现的思想，对艺术家是必需的。否则我们就没有什么为我们自己；而是属于那幅我们自己所作的画。

生活幸福。

你的

荷

---

1. 我要保持（daß ich behalten möge），可能意为："我希望，我能保存在记忆中。"但也有可能书写在此处出现损坏。
2. 评论（Kommentieren），这里较少诠释之意，更多的可能是模仿和延续。

# 朋友为译作联系出版商

辛克莱致荷尔德林 [1]　　　　　　（霍姆堡，1803 年 2 月 6 日）

……一旦糟糕的天气过去，我期待你在春天到来。

昨天博伦道尔夫给我写了信，他在柏林与书商弗洛里希就你翻译的索福克勒斯进行了交谈，他似乎并不拒绝在看了译稿以后与一个出版人签订一个出版合同。假如你愿意把索福克勒斯的译稿寄给 [2] 博伦道尔夫，至少是第一卷：假如你已经完成的话，他将设法把它给一个出版人。但这件事必须尽快做，因为他考虑短期内将离开柏林前往库尔兰或者戈丁根。他的地址是：致博伦道尔夫秘书先生，交给柏林的温格尔书店。

……晚餐的地点和那些年轻人 [3] 让我感动；但是结尾让我想起了我们意见的不同。

封·卡尔布夫人让我向你代致最良好的敬意。因为她的缘故，如果你来，那对我是最好的：她活跃的心灵要求的绝不只是一个对手，她所受的教育没有一点是白费的，正像在她的社交中也无一人被忽略。

---

1. 此信系节选。
2. 可能未寄。
3. 晚餐的地点和那些年轻人（Die Stelle von Nachtmahl und den Jüngern），《帕特摩斯》诗中暗指最后的晚餐及耶稣的门徒。

我还没有给你写，在经过海登海姆的旅行中我偶然碰到了恩斯林并感到惊喜。他让我再一次回到了耶拿的时间，而我一点也不乐意看到他没有薪水，精神状态还是老样子。他也是真心地想念你。

# 显然你整个白天和半夜都在工作

兰道尔致荷尔德林[1]　　　　　　（斯图加特，1803 年 2 月 8 日）

　　几天以前，我收到了一封给你的内附的信[2]，亲爱的荷尔德林。

　　你在做什么呢？显然你整个白天和半夜都在工作，所以你一点也不告诉你的消息，因此再也不看望我。我向你坦承，朋友，每当我想到，你的朋友好像再也不能和你在一起，而你却认为不值得为此费力打听有关他们的情况，我就常常痛苦不堪。假如你能够很快决定来看望我，至少有那么几天，那我从心里高兴。舍法尔刚刚在大地上建立了一座美丽的纪念碑[3]——超出生命的体积——纪念已故的巴登王储。

　　生活幸福，亲爱的，至少有时候要想想

你的

克·兰道尔

---

1. 此信系手写。
2. 内附的信（innliegenden Brief），此信未保存。
3. 纪念碑（Monument），在卡尔斯鲁尔的王储花园中哥特式的墓碑。

# 我可以像从前一样，
# 更多地以自然和祖国的观念写作

致弗里德里希·韦尔曼斯　　（斯图加特附近的纽尔廷根，1803年9月28日）

生于富贵

特别尊敬的先生：

非常感谢您善意地参与索福克勒斯悲剧的翻译。因为我还没有从我的朋友谢林[1]那里得到消息，他正设法让它们在魏玛的剧院上演，所以我宁愿走这条更可靠的路子，利用您善意的建议。

我非常满意，第一卷已在周年博览会[2]上出现，更重要的是，我有足够的素材，在悲剧之前先说一个导言，这我将在这个秋天做好。

我希望，这种对我们来说陌生的希腊艺术，能够更生动地展现给公众，而不是常用的通过民族的传统和错误的方法来应付，我将会更加强调它们是遭到公众排斥的东方的艺术，并且在发生艺术错误的地方，予以改进。

---

1. 1803年5月30日，谢林与卡罗琳娜·施勒格尔赴姆尔哈特举行婚礼。此间，荷尔德林与谢林见面，荷尔德林恳请谢林关照他的索福克勒斯悲剧的译稿。谢林是否为此做出努力，则不确定，而是很值得怀疑。
2. 周年博览会（Jubilatemesse），莱比锡的春季博览会。实际上两卷译作在1804年的春季博览会上亮相。

　　我将永远地感谢您，您以您的善意的来信与我相识，您的表达使我获得了一种自由，现在，我可以像从前一样，更多地以自然和祖国的观念写作。

　　我以真诚的敬仰

　　　　你们生于富贵的

　　　　　　忠实的仆人

　　　　　　　　弗里德里希·荷尔德林

# 就《索福克勒斯悲剧》译稿的修改致出版商

致弗里德里希·韦尔曼斯[1]　　（斯图加特附近的纽尔廷根，1803 年 12 月 8 日）

尊贵的：

请您原谅，我拖延了索福克勒斯悲剧的手稿。因为我想，我能够对这件事进行更自由的审视，对译文和注解进行一些修改。《安提戈涅》中的语言在我看来还不够生动，我的翻译对希腊艺术的注解及作品的意义表达得还不充分。因此，我做得还不够。索福克勒斯悲剧的一个导言，经过了特别的加工，如果您乐意，我将在下半年或者一个适当的时候寄给您。

一份诗刊的几首短诗[2]，我将在这份手稿寄出之后，从我的文稿里面找出来。我有一些您可能会喜欢的。

我还没有给谢林写信[3]，但是可能这个星期会写的。

假如把这个悲剧的版本寄给歌德或者魏玛的剧院不会让您感到不悦，那么请您善意地让我知道这样做。因为我与封·歌德先

1. 根据韦尔曼斯写在那封信背面的备注，手稿必须在 11 月 19 日寄出。
2. 几首短诗（Kleine Gedichte），应韦尔曼斯的建议，荷尔德林在同一个月"审阅了几首夜歌"（Durchsicht einiger Nachtgesänge）。荷尔德林将《喀戎》《眼泪》《致期望》《福尔康》《苦闷》《酒童》《生命的半程》《生命之年岁》《哈尔特角》称为"夜歌"（中文版见《荷尔德林诗集》第 427 页），发表于《1805 年袖珍书。致爱情和友谊》。
3. 给谢林写信（an Schelling），给谢林的信未保存。

生本人相识，所以我这样做不会是不适宜的。

　　单首的大的抒情诗占据 3 个到 4 个印张，所以每一首都要专门印制，而因为内容直接涉及祖国或者时代，我也将在这个冬天寄给您。您的善意的鼓励让我很高兴。我把能够与您建立联系作为真诚的和幸运的命运而珍视。


　　　　您的

　　　　　最忠诚的

　　　　　　　　弗里德里希·荷尔德林

# 为译稿和诗歌的出版致出版商

致弗里德里希·韦尔曼斯[1]　　（斯图加特附近的纽尔廷根，1803 年 12 月末）

尊贵的：

　　我感谢您，辛苦地把您印刷的索福克勒斯悲剧的样本与我分享。我相信，用这样的字体[2]让眼睛能读出意义来，也更加舒适，因为阅读过度尖锐的文字，很容易让人只看到文字的类型。

　　优美的印刷表明，至少对于我，阅读一点儿也不会遗漏。线条以更规整的均衡排列。

　　我刚刚审阅了用于您的诗刊的一些夜歌，但是我想马上就给您答复，以便我们的关系中不要出现等待。

　　为了读者牺牲个人，并且与读者一起，把自己投身于现在还像孩子般的文化的狭隘限制之中，是一种快乐。

　　此外爱之歌一直是疲惫的飞翔，因为我们迄今仍是如此，尽管材料千差万别：而高亢和纯粹赞美的祖国的歌却不一样。

　　《弥赛亚》和一些颂歌[3]的先知先觉是例外。

---

1. 此信系对韦尔曼斯 12 月 19 日来信的即刻回复，那封信中附了《索福克勒斯悲剧》排版的一个样版。
2. 字体（Lettern），见荷尔德林于 1804 年 4 月 2 日致韦尔曼斯的信注释 2。
3.《弥赛亚》……颂歌（Messiade und einiger Oden），可能是德国诗人克洛普施托克的诗。

我十分渴望知道，您是否将接受几首大的抒情诗[1]的样本。我希望能在 1 月把它们寄给您；假如您像我一样，尝试对这些作出评价，那么它们或许还能在周年博览会上出现。

索福克勒斯悲剧的导言我特别考虑还是要写，无论如何用于秋季博览会；它取决于您的意愿，尊贵的！您是否愿意利用它，还是不呢？

对谢林，我希望您尽快寄一封回信。

对于您善意地通知我的风光画册[2]的出版，我将设法在斯图加特寻找参与者。我在那里有一些熟人，他们可能愿意购买那样的作品并且向别人推荐。

我向您推荐自己，是对我的忠诚的更进一步考验。

荷尔德林

---

1. 大的抒情诗（größern lyrischen Gedichte），荷尔德林抱有希望，在韦尔曼斯那里出版他的《祖国之歌》，其中有《和平庆典》。
2. 风光画册（Ansichten），见荷尔德林于 1804 年 3 月 12 日致泽肯道尔夫的信注释 2。

# 在美好的时光精神不应空虚，
# 我们应当重新发现自己

致莱奥·封·泽肯道尔夫 　　　　　　　（纽尔廷根，1804 年 3 月 12 日）

我的尊贵的：

我本想最近[1]去拜访你；可是没能找到你的家。我接受了这项委托，使我必须进行这次拜访，我书面地给你寄去一份莱茵河风光画册的预告[2]；你可以参与其中并为此寻找参与者。侯爵[3]已对此感兴趣。我热切地想知道，它们将如何结束：它们是否是纯粹地和简单地从自然中升起，所以在两岸都没有任何不宜和无特征的东西被带入，而地球与天空处于很好的平衡，这样，作为这种特殊关系中的平衡标记的光必须不偏不倚和不让人迷惑。有很多都取决于在艺术作品内的那个角和其外的那个方块[4]。

特别是巴黎的古代珍宝[5]给了我对艺术的真正的兴趣，因此我愿意对此深入研究。

---

1. 最近（neulich），具体时间不详。
2. 预告（Ankündigung），韦尔曼斯筹划出版一个三卷本的莱茵河画册《莱茵河风光画册：从美因茨到杜塞尔多夫》。说明书附上了样本，展示了宾根附近的毛瑟图尔姆地区。对此，荷尔德林做了以下评论。
3. 侯爵（Fürst），符腾堡的选帝侯弗里德里希。
4. 角……方块（Winkel.......Quadrat），荷尔德林可能指画作内的间隔线条和外面的框架。
5. 古代珍宝（Antiquen），在巴黎看到的意大利古代珍宝。

我也请你对索福克勒斯悲剧的译作感兴趣，我的这个译作的出版人，法兰克福的韦尔曼斯先生已经着手出版，将在复活节面世。

作为历史的诗意解读的寓言[1]，天空的建筑，是当前我优先钻研的，尤其是民族的部分，它与希腊的区别是如此之大。

那些英雄、骑士和诸侯的各自不同的命运[2]，他们如何服务于命运，或者很可疑的是，在其中如何作为，我已经总体上掌握了。

我实在希望到斯图加特见你一次并且与你交谈。在我们之中有一个如此有学识、如此有人情味的人，我是十分珍惜的。就此我已经给封·辛克莱先生写了信。

我相信还有很多可以与你分享。对祖国的研究，它的状况和地位的研究是无限的和常青的。

对于我们，在美好的时光精神不应空虚，我们应当重新发现自己！

我想，单纯和宁静的日子，它们应该到来。祖国的敌人[3]让我们不安，所以要积攒勇气，它让我们捍卫自己，抵御那些完全不属于我们的东西。我谦恭地向你推荐我自己。

荷尔德林

---

1. 寓言（Fabel），神话。
2. 命运（Schicksale），对这方面的研究专门写入了《霍姆堡的活页册》（Homburger Foliohefts）。
3. 祖国的敌人（Feinde des Vaterlands），显然是指符腾堡的选帝侯和宫廷派系于1804年3月反对召开邦议员大会。

# 就译稿的印刷错误等致出版商

致弗里德里希·韦尔曼斯　　　　（斯图加特附近的纽尔廷根，1804 年 4 月 2 日）

尊贵的：

我把《俄狄浦斯》的印刷错误[1]都查找了。

我几乎还是更喜欢粗糙的印刷[2]，当然是因为字母所显示的特性是坚固性，相比修饰性，在这种印刷格式中很耐用，这在原初的印刷中，比之精心打磨的，更显而易见。发明者常常羞于面对他的公众，因为要献殷勤而彻底失去了独特性，尤其是在表征这种印刷格式的坚固性上。此外，这种印刷格式的优点在于，它失去的更多的仅在表面，而不在实际。

假如此印刷格式更有名，那您就把第一次印刷的粗糙给予它，并且随它去或者对粗糙进行一次打磨。

我跟您说这些，是为了向您证明，我对这种优越性理解得有多么深。这种过于精细的打磨也减弱了第一印象中的坚固性，如果人自己面对，或者从一个纯粹的角度向着页面而坐，那么人们

---

1. 印刷错误（Druckfehler），荷尔德林对韦尔曼斯寄给他的索福克勒斯清样进行了校订，标注了印刷错误，也有个别对译文的修改。

2. 粗糙的印刷（Der rohe Druck），韦尔曼斯于 1803 年 12 月 19 日把排版的样本寄给荷尔德林，印刷所使用的油墨颜色浓烈、经典拉丁字体等，都是为了更便于阅读。荷尔德林更喜欢"粗糙"，而不是精心打磨的，也是因为此。

能看出更坚固的特性的好处。

我只期待那些样本，为的是给封·歌德先生和席勒先生邮寄，还要给其他一些参与此事的人邮寄。

给霍姆堡的公主我要寄一个特别的样本[1]。我不知道，您是否为此选择了特别的纸张。

我相信彻底地反对写作者的偏执的激情[2]，而是要抵达希腊的单纯；我更希望坚守这个原则，即使我应当更大胆地暴露禁止诗人的是什么[3]，也反对偏执的激情。

我很高兴下次能给您寄点什么[4]，我现在正在上面确定真正的价值。

我希望，这本书在传阅中带来的理念和触动点，能够尽可能快地触发。

在此期间生活幸福，我的尊贵的！


您的

朋友

荷尔德林

---

1. 特别的样本（besonderes Exemplar），荷尔德林把《索福克勒斯悲剧》题献给霍姆堡公主，他要求用仿羊皮纸印刷这个"特别的样本"。
2. 反对……偏执的激情（gegen die exzentrische Begeisterung），荷尔德林反对的可能是一味偏向东方，但也有可能指反对超越生活领域的热情。
3. 禁止诗人的是什么（was dem Dichter verboten ist），荷尔德林在《霍姆堡活页册》中有诗句："禁果，如月桂，但是 / 大多数是祖国。"
4. 寄点什么（etwas zu schicken），这里指的可能是《品达作品片段》（Pindar-Fragmente），韦尔曼斯应该已在1月与"大的诗作"一起收到。

# 出版商的回复

韦尔曼斯致荷尔德林　　　　　　　（法兰克福，1804 年 4 月 14 日）

尊贵的先生和朋友：[1]

　　明早拂晓我将出发去莱比锡参加博览会———一个小时之前索福克勒斯的第二卷已经完成，谢天谢地，它已经在去莱比锡的途中。

　　您能够想象到我在匆忙中给您寄出 6 本仿羊皮纸的样本和 6 本平常纸的样本，作为记入稿费的样本，您可以与您的朋友们分享。

　　假如您为此目的还要一些，我很乐意。

　　以最好的意愿，我现在不可能给您附上稿费，但是我从莱比锡返回，付费将毫不拖延地进行，对此，请您放心。

　　很遗憾在第一部分有很多印刷错误，但是我认为有必要不附

---

1. 荷尔德林在抬头和第一行之间写上了："然而大多数暴露在乌合之众面前。"
在信的页边写上了下列名单：封·泽肯道尔夫先生 / 豪格先生 / 黑格尔先生 / 封·歌德先生 / 巴恩——先生 / 麦尔 / 致施密特 / 在埃尔兰根 / 致海因策 / 在阿夏芬堡 / 哈特曼先生 / 马提松先生 / 谢林先生 / 莱皮克先生 / 在海德堡。
在信的正文下方还有：唯一者。/ 封·辛克莱先生
这个名单里的人是否都收到了样本，则不确定。但值得注意的是，名单中缺少了黑森 - 霍姆堡的奥古斯特公主，该译著是题献给她的，伴随的信的草稿也已经呈献给她。显然荷尔德林并不知道，海因策已于 1803 年 6 月去世。

加勘误表，这部分是因为时间太晚了，部分是因为只有很少的读者会注意。您不要把它当作负担，承担的应是印书商。但愿您把它们都展示出来，就寄给我两卷的一个列表[1]，我将让它们刊登在耶拿文学报的知识版上。

我的巨大的忙碌仅允许我向您确保我的尊敬

弗·韦尔曼斯

---

1. 列表（Liste），荷尔德林是否也为《安提戈涅》做了印刷错误的列表不得而知，但是韦尔曼斯对《俄狄浦斯》中的印刷错误也未做改正。

# 向公主呈送《索福克勒斯悲剧》译著

致黑森－霍姆堡的奥古斯特公主[1]　　　　（纽尔廷根，1804 年 4 月或 5 月）

　　尊贵的公主殿下。我敬向您呈寄索福克勒斯悲剧的翻译的第一卷。……我们神圣的宗教在其独特性上不可思议的更加神圣，以及古代与我们的状况对比的价值。

---

1. 此信系草稿的节选和摘要。可能此信并未誊清和邮寄，公主已将它妥善保管。

# 译后记

自从文字出现以来，书信就成为人们最常用的通信方式，人们写信互通消息，告知事项，交流感情，与相隔千里的人们分享幸福欢乐、悲哀愁苦，或脉脉温情，魂牵梦萦，或绵绵思念，愁肠百结……书信的留存，为我们留下了过去时代人们的所思所想，所忧所虑……每当阅读那些书信的文字，就恍若穿越到那个时代，听到鹅毛笔划过纸张的沙沙声，人们让瞬间闪现的灵感流淌在纸页上，激活千年奔腾的哲思，或掀起万丈爱情波涛，让我们今天读来，仍然荡气回肠。

荷尔德林（1770—1843），是德国一位伟大的诗人，他从十四岁开始写诗，立志成为诗人，为此，他阅读钻研前辈诗人的作品，从古希腊罗马，到德国当代，从经典大作，到民谣小调，从康德的批判哲学巨著到费希特的天赋人权，他研读一切能够找到的佳作，汲取营养，融入自己的表达，使创作越来越丰富，表达越来越成熟，他十八岁从高级修道院学校毕业时，在诗歌专业上获得了"极好"（vorzüglich）的评分。后来的诗歌创作伴随他曲折起伏、艰难辗转的生活轨迹，依然勉力前行，佳作不断。德国诗歌从古典走向现代，荷尔德林是引领者，因此，他被后人称为

"诗人之诗人"。近代以来用德语写作的抒情诗人，从里尔克到克兰，荷尔德林当之无愧地名列首位。

荷尔德林不仅用诗歌表达自己独特的哲思、崇高的理想、圣洁的爱情，他还是一位特别善于用书信表达自己生活和感情的人。他从十四岁起就上寄宿制的修道院学校，写信成为他与亲人联系的主要方式。他三岁失去了父亲，后来母亲改嫁，再后来，继父也去世了，因此荷尔德林不止一次地称自己是"丧父的孤儿"。母亲和妹妹，还有同母异父的弟弟成为他的至亲至爱，他也是母亲最大的牵挂。书信成为他与母亲和妹妹弟弟之间亲情往来最好的媒介。保存下来的荷尔德林致母亲的第一封信，称呼是"最亲爱的妈妈"，这样的"最亲爱的妈妈"，在他独立谋生以后，改成了"最亲爱的母亲"，在每封信的结尾，几乎是千篇一律的"您的最顺从的儿子"。母亲永远是他最亲爱的亲人，是他最深厚情感的寄托，也是他内心深处隐秘情怀的最后的倾诉人。母亲是他灵魂的依靠，他在信中说过，"我一生的避难所在你们之中"。

荷尔德林写给母亲的信中，常常可以看到他因为自己很久没有写信而表达深深的歉意，其实，看看他前后写信的日期，才知道这个时间并不长，在邮差骑马送信的时代，信件的传递很慢，加上战争、恶劣天气等，途中拖延经常发生。何况，大部分地方，邮差只有在邮政日才来。荷尔德林也常常因为没有收到母亲的信而抱怨母亲"长时间的沉默"。对于他，阅读母亲每一封"亲爱的来信"，犹如感受母亲娓娓讲述的温馨、慈爱和关照，他经常感谢母亲的"Gegenwart"（在场），言语中漾出一种仿佛母亲就在身边的温暖，那是怎样的情境啊！但是，母亲给荷尔德林的信，却只有一封保存下来，那是在 1805 年 10 月 29 日母亲嘱咐他要感恩悉心照料他的人们，那时，他的心灵已经陷入黑暗。

荷尔德林给妹妹的很多信，看似平常的兄妹之爱，其实充满深爱，因为她是唯一的亲妹妹。那时候疾病很多，死亡也很多。从书信中可以看到，人们常常通报自己的健康状况，让亲人朋友放心。因此，兄弟姐妹之间的往来和书信交流，常用不一样的爱的语言，阅读那样的信，总有仿佛山高海深般的情意，尤其是荷尔德林这样一位有时候感情激越奔放的诗人，爱的语言总会让人怦然心动。

最令人感慨的是荷尔德林给弟弟的信，虽然弟弟姓高克，却是他最亲爱的弟弟，寄予了巨大希望的弟弟，也是倾注了很多关心和爱护的弟弟。阅读他给弟弟的那些一页又一页的长信，那些鼓励的、期望的、爱护的话语，仿佛就在耳边，如同冬天温暖的炉火，春天明媚的阳光，能够驱赶一切寒冷和阴暗。

最丰富多彩的还是荷尔德林与朋友之间的通信。四年的修道院学校生活，加上五年多的神学院生活，让他拥有了很多朋友，于是，书信往来，成为生活学习的一部分。他在给母亲的第一封信中说，他有"一大包信"要回复，其中有些还是拉丁文的。此时荷尔德林才是个十四岁的男孩子，当然，他说还有"成百上千首诗"要写，是夸张的说法，但足以说明，他是个喜欢写信的人。那个时候写信是为了友谊，也表达了青春的热情，这是他诗歌创作的动力之一，也是他求知和生活渴望的源泉，是永不枯竭的。在蒂宾根神学院，他与高年级的诺伊菲尔和玛格瑙建立了深厚的友谊，三个人甚至成立了"友谊同盟"，他还为此写了《友谊颂》:"……如永恒一般无穷无尽,/友谊的银泉流水长吟。"可贵的是,这种友谊是纯粹的、非功利的,他们互赠诗篇,吟咏切磋,有诗作见诸报刊。特别是荷尔德林与诺伊菲尔的书信,描绘了那个时代友谊的精美篇章。当荷尔德林得知诺伊菲尔的未婚妻"小玫瑰花"病危,并且他要"随她而去"的消息,他一连给诺伊菲尔写了三封信,咏唱了最感人的友谊之歌。谁是最真挚的朋友?谁为朋友倾注一腔真情?是他,荷尔德林,他对待朋友,正如他对待诗歌,是生活的凝练,是生命的一部分。

荷尔德林交往的人,无论是普通人,还是声名显赫的大师,最终都成为朋友。在蒂宾根神学院学习时,他就结识了席勒,这个在他的创作生涯中给予他最大帮助的人,为他介绍家庭教师的工作,在自己主编的《诗刊》《塔利亚》等刊物上刊发他的作品,还给出版社写信,推荐出版他的书信体小说《许佩里翁》,这是一部"让他有点名气"的两卷本的小说。席勒还写信指导他克服德国诗人创作中的通病,摒弃冗长拖沓,写主题明确、清新简洁的诗作,去掉那些吃力不讨好的哲学。席勒的劝告是经验之谈,诗人要赢得读者,必须让自己的诗为读者喜爱,为读者而写,是诗人的本分。当然,荷尔德林之所以后来被世界所承认,是他坚持走自己的创作道路。但席勒是把荷尔德林真正当作朋友的,密切的但有原则的朋友。读大师的书信,是一种享受,字里行间,处处有谦逊包容、平易近人,对于有点过分的要求,也没有板起大师威严的面孔,而是以坦诚之心循循善诱。荷尔德林曾在给席勒的信中抱怨,"我的那些不幸运的诗",显然是对席勒没有及时发表他的诗不满,席勒告诉他,因为他寄送得晚了,已经没有版面，下一期会安排。一个人一生中曾经得到这样一位朋友，无论如何都是十分幸运的。

荷尔德林所处的时代，欧洲正发生着重大的变革，法国革命带来动荡，随后拿破仑发动欧洲战争，德意志民族的神圣罗马帝国不复存在，在文化领域，浪漫主义异军突起，古典主义走向式微，19世纪的工业革命即将到来。此时，荷尔德林的创作却出现了英国诗人威·休·奥登称之为"回到过去"的迹象。生活的重压，迫使他不得不长途跋涉去挣得维生的收入。他翻山越岭，满怀希望到瑞士一个家庭当家庭教师，但仅四个月就被解雇，于是徒步一个月回到家乡，不久，又一次出发前往法国波尔多，历经千辛万苦，却很快就被辞退。那是生命的旅程，一路上险象环生，刚刚回到家乡，好友辛克莱的信给予他的却是噩耗，他心爱的苏赛特病逝了。神学院的舍友谢林在给黑格尔的信中说，荷尔德林自从那个致命的旅行以来，"神志已经错乱了（verrüttet）"。但是荷尔德林并没有颓败，他坚持翻译索福克勒斯的悲剧《俄狄浦斯》和《安提戈涅》，并且仔细地修改，还对出版社的印刷错误进行了认真校对，使两卷本的索福克勒斯悲剧译作得以出版。

尽管他的生活跌宕起伏，他的身边却总是围绕着朋友，给予他无私的帮助。他总能给母亲捎去好消息。在新世纪之初他来到斯图加特，住进商人兰道尔的宅邸，高兴地告诉母亲，"我的老熟人们都这么热情地欢迎我，以至于我完全可以希望，在这里和平地生活一段时间"。荷尔德林历经艰辛，仍然乐观地对待生活，从不沮丧，是因为朋友。在与朋友们的书信往来中，随时可以看到互相关心、鼓励、支持和帮助，人们很少计较得失。在他的心灵陷入黑暗以后，很多朋友帮助搜集整理他的作品，那是一项十分繁重的工作，要解读荷尔德林"极难辨认的手稿"，耗费的时间和精力是难以估量的。但是，这就是朋友。

作为一个天资很高、多才多艺的青少年，荷尔德林是爱情的幸运儿。他十六岁进入高级修道院学校，就与修道院院长的女儿露伊泽恋爱了，这样的早恋，除了书信往来，说说我爱你、我在你的怀抱里等，注定是不会长久的。荷尔德林考入蒂宾根神学院以后，两个人就分手了，不过，他们之间的绝交信却写得像初入爱情的人，那样缠绵悱恻，难舍难分，写得最多的是"你永远是我的""你的心爱的——"，妻子（Weibe）两个字被一道横线代替了。

荷尔德林的第二段爱情发生在蒂宾根神学院，那是一位没有露过面的神学院院长的女儿爱丽泽，这段爱情似乎显得高雅一点，荷尔德林有几首诗写给她，但是，没有一封她的信，只有朋友诺伊菲尔经常在信中问起他们之间的关系怎么样，还有母亲关切的询问，可想而知，他和爱丽泽的相处，从热烈到糟糕，因为双方互不理解，更没有体贴和关怀。在荷尔德林给朋友和母亲的信中，只有对爱丽泽的抱怨，这场延续几年之久的恋爱最终悄无声息，不欢而散。爱丽泽写给荷尔德林的信也被悉数索回，一个字也没有留下。

给世界留下一份珍贵遗产的，是荷尔德林的情人——他在法兰克福任家庭教师的龚塔尔特家的女主人苏赛特。她留下的十七封信让人们知道，走火入魔的爱情之下，一位有三个孩子的美丽高贵的女士，法兰克福最富有的银行家的妻子，会如何痴迷一个寒酸的诗人、教书先生。在苏赛特的眼里，荷尔德林是人类中最好的、不可多得的人，为了他，她已经准备"到你们家庭的圈子里生活"，是发自她内心的。她日日夜夜地写信，悄悄地写，不让人看见，流着眼泪地写，用她的话说是"写日记"。每一封信几乎都像日记，标着日期，甚至还有几点钟。很难再从别的地方找到那么饱含深情的、绵绵不绝的倾诉。荷尔德林写给她的信，她像珍宝一样保存着，常常把它们放在一起，像"读书一样"读。《许佩里翁》对于她，更是爱不释手。可惜，荷尔德林写给她的信都没有留下来，仅有短笺残片，是作者的草稿，唯有荷尔德林写在赠给苏赛特的《许佩里翁》扉页上的、散文诗一样的题词保存了下来，作为他们爱情的见证。

2007 年，我应德国巴伐利亚州科学艺术部之邀，到班贝格国际艺术家之家进行为期一年的访学。我在那里的图书馆看到一本纪念荷尔德林诞生两百周年的资料集，便借来阅读。我被感动了，希望把荷尔德林的诗歌和书信译成中文，让更多的人了解他。我把书扫描下来作为资料，又到书店买了荷尔德林的诗歌集，开始翻译和研究。2016 年，我翻译的《荷尔德林诗集》由人民文学出版社出版，后来又出版了《狄奥提玛——荷尔德林诗选》，荷尔德林把希腊爱神狄奥提玛作为苏赛特的象征，写入他的诗歌，也写入他的书信体小说《许佩里翁》。

人的一生能够留下这么丰富的精神遗产，已经足够了。荷尔德林在长诗《帕特摩斯》的结尾写道：天父"照料那些 / 坚硬的文字，并使现存的 / 语义明了……"。在荷尔德林的时代，德国还没有统一，德文的拼写很不规范，人们书写各自的德语，即使在本地,拼写也因人而异,甚至同一个词,每次写也不尽相同,但是人们习以为常。这给翻译带来了一定的困难,当然,翻译荷尔德林的诗歌和书信,要克服的困难远不止拼写这一个方面,好在现在有工具书,有各种词典,还能上网查找,只要舍得花时间,一切都会迎刃而解。

我用了三年时间翻译了荷尔德林的书信集,约 35 万字,但这个篇幅对读者也许是太大了,因此,我对这本书信集做了精选,并以"友情""亲情"和"爱情"为主线,分成三个分册,于是就有了《诗意地栖居在大地上——写给友人》《追赶你老去的速度——写给亲人》和《毫不犹豫地走向你——写给情人》。我希望三个分册能让读者阅读更方便。

荷尔德林十四岁离开家乡,进入修道院学校学习,于是,友谊就如同他诗歌的韵律,与他的生命线拧结在一起。他在与学友的交往中培育共同的兴趣,他的朋友都是诗歌爱好者。他与朋友的生活虽然清苦,却激荡着创作的热情,可贵的是,这种热情保持到他生命的最后。荷尔德林一生命运多舛,但忠诚的友谊始终伴随和支持着他。

王佐良

2021 年 10 月 19 日

于北京